JN116778

即興ダンスセラピーの哲学

身体運動・他者・カップリング

鈴木信一 著

晃洋書房

目次

凡例

ハイデガー、メルロ＝ポンティからの引用の略号は以下の通り。引用に際しては、以下の略号と頁数を併記し指示した。翻訳については以下に記した著作を参考にし、旧漢字の変更等などを除き訳文に従った。

・ハイデガーの著作や講義録からの引用の略号

SZ: *Sein und Zeit*, 17. Auf., Tubingen: Max Niemeyer, 1993.（＝２０１３、熊野純彦訳『存在と時間１・２・３・４』岩波書店。）

WM: *Was ist Metaphysik ?*, 8. Aufl., Frankfurt a. M.: Vittorio Klostermann. 1960.（＝１９７０、大江精志郎『形而上学とは何か』理想社。）

『存在と時間』および『形而上学とは何か』以外のハイデガーの著作や講義録からの引用に際しては、全集版（Martin Heidegger, Gesamtausgabe, Frankfurt am Main: Vittorio Klostermann, 1955ff）を使い、以下の略号と頁数を併記して指示した。

GA65: Beiträge zur Philosophie.（＝２０１１、大橋良介・秋富克哉／ハルムート・ブフナー訳『哲学への寄与』創文社。）

・メルロ＝ポンティの著作からの引用の略号

OE: *L'oeil et l'esprit*, Gallimard, 1964.（＝１９６６、滝浦静雄・木田元訳『眼と精神』みすず書房。）

PP: *Phénoménologie de la perception*, Gallimard, 1945.（＝１９６７・１９７４、竹内芳郎他訳『知覚の現象学１・２』みすず書房。）

RA: *Les relations avec autrui chez l'enfant*, Centre de Documentation Universitaire, 1953.（＝１９６６、滝浦静雄・木田元訳『眼と精神』みすず書房。）

VI: *Le visible et l'invisible*, Gallimard, 1964.（＝１９８９、滝浦静雄・木田元訳『見えるものと見えないもの』みすず書房。）

序　章

研究概要

第1節　本書の研究背景

2005年の発達障害者支援法施行、2007年の学校教育法への「特別支援教育」の位置づけ等により、自閉症、情緒障がい、学習障がい、注意欠陥多動性障がい等を持つ人々の存在が知られるようになり、これら障がいに知的障がいを含む様々な障がいを持つ児童を対象に、医療機関、特別支援学校、特別支援学級、児童発達支援センター等教育機関はもとより、企業や支援団体等により、児童発達支援、放課後等デイサービス、保育所訪問支援、家庭訪問支援を通じた治療教育（以降「療育」と記す）が全国で実施されている。また上記の特徴を持つ青年期・成人期の人々を対象に自治体、企業、支援団体等による就労支援を含めた多様な社会参画支援も実施されている。

そして医療や療育の現場では、上記の特徴を持つ人々が苦手と言われる、他者と関わる能力を高めるべく作業療法の一環としてダンスセラピーを取り入れている。ダンスセラピーにより、他者と連動すること、つまり連動システムを起ち上げること、その連動を通じて自らの動作の選択肢を増やすこと、それらを通じ自らを他者に開いていくことを支援するのである。一方でその遂行において医療や療育の現場担当者と上記の障がいを持つ人々、さらに上記の特徴を持つ人々同士の間に連動システムを起ち上げるためには、そのための気づきと技術の習得が求められる。そのため特に現場担当者は動作を産み出すメカニズム、他者との連動を産み出すメカニズム、ダンスセラピーの効果を理解しておく必要がある。その一方で、これまで即興性の高いダンスセラピーの構造は即興ダンスを行う者の経験知として十分言語化されることなく、その実践のうちにとどまり公に十分説明されておらず、現場において即興ダンスを行う者に向けた実践の手掛かりが十分提供されているとは言い難い。その結果、即興ダンスの遂行により具体的にどのような形、経過で効果が上がっているのかについても医療や療育の専門家等の間で十分共有されてはいない。とくに即興ダンスセラピーのような身体運動による療育の分野においては、外部の視点による科学的な考察に留まることなく、現象学やオートポイエーシス論等哲学的視点に基づく内側の観察、「生」および「産出／生成」の記述から身体運動の現象を捉えることにより、その意義と具体的効果を十全に捉えることができる。その結果、医療や療育の現場に即興ダンスセラピーを有効かつ適切に導入・活用することが可能となる。

そのために、まず即興ダンスそのもの、および即興ダンスによる他者との連動の内実を一つのメカニズムとして、これまでの実践を基にモデルを構成した上で、即興ダンスセラピーの実践内容を記述し、モデルの検証と実践内容の分析をおこない、具体的な効果を導き出す。

第2節　研究目的

本書では、1970年前後に日本で生まれた舞踏[1]を基にした即興で行なうダンスセラピー（以降、即興ダンスセラピーと記す）を扱う。即興ダンスセラピーを健常者、非健常者を問うことなく試みることによって、さらに動作の選択可能性の拡大、他者との連動可能性の向上といった効果を得ることができる。その一方で、即興ダンスセラピーにおける動きそのもの、他者との連動状況を肌理細かく記述し、その効果を具体的に分析することは難しいとされる。そこで本書ではハイデガーの存在論、メルロ＝ポンティの身体運動論、システム論におけるオートポイエーシス、カップリングの手法を身体運動に展開し、動作単位産出システム、カップリング・システムを仮説設定した上で、即興ダンスセラピーの実践を記述し、現場で展開される実践の構造、実践による効果を明確化し、即興ダンスを行う者がその遂行において、他者との連動を成功させ、動作の選択可能性を拡げ、他者および物理的環境、さらに社会への自在な「適応」を可能にし、様々な効果を獲得することのメカニズムと諸条件を提供することを目的とする。

具体的には、即興ダンスにおける、動作産出のモデル化、他者との連動システムの起ち上げのモデル化を行い、その上で両モデルを使用し、事例の記述、考察を行い、それらを基に、他者との連動システム起ち上げを成功させるための方策、即興ダンスの効果を明らかにし提示する。具体的な手順は次の通りである。

手順1：ハイデガーの存在論（第1章）、メルロ＝ポンティによる身体運動論（第2章）、システム論におけるオートポイエーシス論（第3章）から動作産出システム、連動システムの産出構造のモデル化に展開可能な内容を抽出する。

手順2：動作の産出構造および連動システム起ち上げ構造のモデル化について検討し、両システムのモデルを構成する（第4章）。

手順3：動作単位産出システム、カップリング・システムを用い、即興ダンスの記述・考察を行い（第5章）、その内容を基に連動システムを起ち上げ持続するために必要な気づきや手法について検討し提示する（第6章）。

手順4：即興ダンスセラピーにおける動作の産出、他者との連動システム起ち上げと持続により踊る者にどのような効果、経年変化が生じるのかについて、検討し提示する（第7章）。

第3節　研究方法

第一に、これまでの筆者の即興ダンスセラピーへの参加経験とハイデガー、メルロ＝ポンティの哲学、オートポイエーシス論を手掛かりに動作産出システム、連動システムの仮説モデルを立案、設定する。

第二に、即興ダンスセラピーのワークショップにおいて、筆者自身が、心身に障がいを持つ人々、アーティストや療法家、ボランティアとともに即興ダンスを遂行し、筆者自身の身体内部で起った事実および他者との間で起った事実を日常言語および右記仮説モデルを用いて記述する。

第三に、第二を進めつつ、モデルの修正と次の実践の事実記述とその考察への活用を繰り返す。それにより動作のモデル、他者との連動のモデルを検証し実践に最適化するとともに、他者との連動に必要とされる気づき、技法、生じる効果を明確化する。

筆者が参加する即興ダンスワークショップの実施概要は次の通りである。

【実施概要】

主催：新座クリエイティヴ・ワークショップ実行委員会

ワークショップ指導者：岩下徹（即興舞踊家、山海塾舞踏手）

参加者：①自閉症、情緒障がい、学習障がい、注意欠陥多動性障がい、知的能力障がいなどを持つ40歳前後の成人（２０２０年3月現在、同ワークショップに10年以上の参加経験を持つ者が多い）、②身体に障がいを持つ者、③舞踏やコンテンポラリーダンス、能、狂言などの舞踊経験者、音楽療法の専門家、作曲家、楽器演奏者、ボランティアスタッフ他

開催期間：２００３年8月30日以降月に一度開催。筆者は２００８年6月28日より参加。

写真１：ワークショップの模様
（新座市中央公民館体育室において）　撮影：前澤秀登

実施時間：13時より17時30分（4時間30分）

研究対象として同ワークショップを選択した理由は、即興舞踊家であり山海塾舞踏手でもある岩下徹が１９８８年湖南病院（滋賀県）においてダンスセラピー(2)の試みを始めて以来、動作及び他者との関わりに制限の生じた人々、つまり自閉症、情緒障がい、学習障がい、注意欠陥多動性障がい、ダウン症、知的障がいといった特徴を持つ人々、日常のストレスや肉体的疲労を抱えた人々、高齢により動作自体に制限が生じた人々を対象に、他者と連動する能力、物理的環境への適応能力を向上させるべく即興ダンスの実践を継続し、開催するワークショップにおいて具体的な効果が現れているからである。

【実施手順】

ワークショップの最初にエクササイズを行い、参加者全員による集団即興を行なった後、ソロ、デュオ、トリオ、カルテット等をそれぞれ十組ずつ、参加者を観客として10分前後即興ダンスを行う（**写真1**参照）。他者とのイメージ、ストーリーの共有など事前の打ち合わせはない。参加者はワークショップという場において、意識的に予測できない動作の産出そのものに自らの存在を追い込み、投げ込む。その結果として、その人にしかできないソロ、他者とのデュオ、トリオ、カルテット等が、その都度その場に産み出される。この過程において参加者は自らの存在を開き、感じ取り、気づきを得、学習し、自らの作品を形成する。以上の過程を幾度もその都度試行しつつ、自分自身、デュオやトリオ、カルテット等の他者、即興ダンスを観ている他の参加者と関わりつつ、丁寧に迷うことなく細心の注意をはらいながら思いっきり即興ダンスを踊るのである。

新座市立中央公民館体育室は丁度50メートルプールと同じくらいの広さの床と高い天井を持つ。同体育室は障がいを持つ参加者が長年通った親しみのある身体に馴染んだ、安心して踊ることができる場所であるとともに、日常的な生活と地続きである一方、作業所など外からのルールの押し付けのない非日常的な場所でもある。参加者の動きは体育室という空間に包まれる一方で空間の外に向けて張り出していく。

【記述・考察方法】

筆者は2008年8月より同ワークショップに参加し、筆者は実践において自身の眼差しおよび肉体内部で感じ取った事実を記述し現在に至る。その記述内容を基に、動作の産出、他者との連動、注意、運動感覚・内部感覚、予期、身体・運動イメージ、配置、肌理・隔たり、反復・リズム、眼差しの焦点化、気分などの点から事例の記述と考察を行う。なお動作の産出、他者との連動のモデル構成については、オートポイエーシス・システム、特に同理論におけるカップリング・システムを基本的な枠組みとして採用する。

そして、上記事例の記述と考察を基にモデル構成の検証、カップリング・システムのタイプ、同システム起ち上げに必要な気づき、技法を抽出する。以上の結果として即興ダンスによる自己治癒の具体的効果を提示する。

第4節　即興ダンスおよびワークショップの定義・特徴

第1項　即興ダンスの定義

岩下氏によると、即興ダンスとは「はじめに〈イメージ〉ありきではなく、はじめに〈身体〉ありき」[3]のものであり、「なんらかのイメージを思い描き、それを身体で表現することでなく、身体に自ずとなにかが表出すること」[4]、「身体を何かを表すための手段として用いることでなく、身体それ自体に現れる何かにすべてを委ねること。考えてから身体を動かそうとするのではなく、考えるよりも先に身体が動かされている」[5]ことである。つまり即興ダンスは事前に表象的なイメージの産出や思考を意図的に行い、動作を産み出すことではない。岩下氏によると、動作を産み出す以前に何らかの表象的なイメージや思考に対応する身体・運動イメージが自ずと働き、動作を産み出し、その後に想起を通じて、それら表象的なイメージや思考が自覚される。例えば踊る前に「油になりたい」という表象的なイメージを意図するのではなく、いよいよ踊る時にはすでに「油」になっていなければならない。つまり動作が産まれる以前に「油」に対応する身体・運動イメージが産まれているのであり、自己は動作を産み出した後、それらイメージをまとめて「油」のようであったと事後的に確定するのである。さらに即興ダンスは「自分の内と外との、その瞬間瞬間の関係を作ること」(6)であると規定する。岩下氏にとって、「自分の内と外」は他者との連動、物理的環境への適応を瞬時に的確に遂行し動作を産み出すための必須条件となる。その条件を充たす即興ダンスは「あらかじめ振り付けられた動きをできるだけ忠実に再現しようとするよりも、〈いま、ここ〉、この瞬間、本当に感じられる感覚に、動きの衝動にできるだけ誠実であろうとする行為」(7)なのであり「何より十全に生きている瞬間」(8)を求める行為として成立するのである。

岩下氏は一方で即興ダンスを「少しずつ自由になっていくこと」(9)であるとも定義する。ここで述べる「自由」は身体運動における動作の選択可能性や柔軟な動きを獲得することに留まらず、即興ダンスをする自己の在り様において、他者、物理的環境に自らを開き、それらと何らかの拘りを持つことなく交流することを意味する。この「自由」は岩下氏自身が、幼少期から青年期にかけ他者、物理的環境との関わりにおいて自らを閉じ、不自由な状態に陥った経験を持ち、その状況から抜け出す契機として即興ダンスの遂行を選択し、即興ダンスの継続により自己と他者、物理的環境とのつながりにおいて獲得し得たものである。そしてこの「自由」は発達障がい、知的障がい、運動障がい等の有無に拘ることなく獲得されうるものである。

第2項　ワークショップの特徴

岩下氏によると同ワークショップは動作を産み出す「生成の場」であり、岩下氏は場と同時にそこに生じる産出過程の調整役を担う。参加者は「生成の場」への安心感と信頼感を持ちつつも、馴染みのあるダンスの型や日常生活における動作の習慣などを言わば括弧に入れ、「事前に決められたイメージもストーリーもない[10]」予測不可能な生成そのものに自らの存在を追い込み、投げ込むことを試行する。そしてその試行「すべてが生成変化の過程であり、完成すること[11]」はない。「出来上がったものを解体して新たな状態ができること[12]」を持続する。つまり参加者は自らを産出の過程そのものとして自らを存在させるのである。その結果、自らの動作は他者の眼差しには輪郭として現れ、自己においてはその動作を産出する過程に自らの存在を置き、他者、物理的環境の存在を受け止めつつ、それらに即して動作を産み出すのである。この過程は自己が他者、物理的環境を肯定し、それらに開き、それらを受け入れることであると言い換えることもできる。同ワークショップにおいて以上の試行を繰り返すことにより、自己の在り様を他者、物理的環境と一つの瞬間において適応させる学習を繰り返す過程のうちに、自己の存在を開き「少しずつ自由」にすることが可能となる。

そしてこのワークショップにおいて岩下氏は上記産出過程の調整役として、ワークショップ序盤の全員による即興ダンス、そこから自然に生じたソロ、デュオ、トリオ、カルテット等の設定と調整、それぞれの実践の開始と終了の指定、個々の即興ダンスが作品として成立しているか否かの判断等を行う。さらに個々の即興ダンスが終わるごとに、岩下氏、参加者が感じ取った事柄を言葉にして振り返り、それらの言葉を手掛かりに自らの動作や他者との関わりを振り返る。岩下氏は各参加者固有の即興ダンスが実践できているか否かに重点を置き、ソロ、デュオ、トリオ、カルテット等のメンバー調整、時間調整、評価と課題の導き出し等を行うのである。

第1章

ハイデガー哲学による即興ダンスの存在論的検討

舞踏および即興ダンスにおける身体運動はそのまま人間の在り様であると言ってよい。踊る者の動きそのもの、表情、緊張の度合い、気分などすべてにその在り様は本人の意志と関わりなく露呈してしまう。本章では上記身体運動の遂行に深く関わるハイデガーの存在論の諸概念を取り上げる。それら諸概念とは、世界内存在、現存在、本来的存在様態／非本来的存在様態、企投、切迫、先駆、響き、良心の呼び声、負い目、決意性（以上、第1節第1項）、情態性（第1節第2項：不安、慎ましさ、驚愕、物怖じ、予感、気配）、理解、語り（第1節第3項）などであり、即興ダンスという身体運動の遂行とその在り様に各概念を適用しつつ、読み解き、即興ダンスという身体運動の意義、さらに他者との連動（第2節第1項）を描き出すとともに、第4章で述べる動作単位産出システム、カップリング・システムの構成に引き継ぎ可能な概念を明確にする。

ハイデガーは主著である『存在と時間』で〝存在すること〟そのものを問い、中期の『哲学への寄与』、後期の『時間と存在』他では〝存在することが起ち上がること〟を問うた。ハイデガーは『存在と時間』において〝自らの存在可能性のうちに存在すること〟を現存在Dasein、つまり人間と規定した。一方『哲学への寄与』では企投により開かれる現—存在Da-Seinを〝存在すること〟が唯一〝そこ〟に〝起ち上がるEreignis〟こととして捉え、覆われた存在の本質の開放として〝存在すること〟に関わる諸概念を更新した。人間を〝存在すること〟の〝起ち上げ〟に〝立ち会う者〟と位置付け、自己は〝存在すること〟のうちに〝存在すること〟を〝起ち上げる者〟とし、芸術表現はこれら〝立ち会う者〟と〝起ち上げる者〟両者において産まれると規定した。本書の扱う即興ダンスという芸術表現であるところの身体運動の記述、分析、理解を試みるには『存在と時間』、『哲学への寄与』双方の上記諸概念が必要不可欠であり、それにより身体運動の科学的な記述、分析、理解とは全く質の異なる知見を提示することが可能となる。即興ダンスという身体運動の実践においては前期から後期にかけての上記諸概念は十分両立可能であると考える。そこで本章では、まず『存在と時間』、『哲学への寄与』における上記諸概念を各項において個々にまとめつつ、それらのまとめを手掛かりに即興ダンスという身体運動の意義を明らかにする。

第1節　動作産出における存在論的性格

第1項　「企投／跳躍」としての動作産出

ハイデガーが『存在と時間』のなかで提示した〝先駆的死における本来的投企〟は舞踏、即興ダンスにおける動作産出である、とそのまま言い換えることができる。舞踏の創始者である土方巽は『刑務所へ』[13]のなかで刑務所において死刑台での死刑執行に向けて〝死なされつつ生かされつつある〟ことを「舞踏」であるとした。舞踏家および即興ダンスを遂行する者は自己という現存在の喪失、つまり死という「おわり」に顧慮的に関わることで、死が差し迫った急迫した状態において初めて本来的投企としての動作を産み出すことができる。第1節では〝先駆的死における本来的投企〟を舞踏という身体運動のうちに位置づけ先駆的死、本来的投企という概念を捉え直すことを試みる。その上で同概念を手掛かりに土方巽が「舞踏とは命がけで立っている死体である」と定義した内実を明らかにする。右記作業にあたっては舞踏家の記した文章、即興的ダンスの実践において筆者自身が記した事例を考察のための材料とする。

舞踏家および即興ダンスを遂行する者は本来的決意性を持ち本来的存在様態において身体運動を遂行するが、本来的投企の契機が訪れるまでは非本来的存在様態において身体運動を行っている。さらに身体運動の遂行においては、少なくとも本来的存在様態と非本来的存在様態という二つの在り様に断絶はなく、二つの存在様態は連続性を保ちつつ変化する。例えば日常生活で「歩く」ことと舞踏、即興ダンスの舞台において「歩く」こと、双方ともに輪郭において「歩く」ことに変わりないが、この「歩く」という一つの動作の持続において同一性と連続性を保ちつつ、双方の在り様はその都度その質と強度において不可逆的に変化し続ける。日常生活から舞踏、即興ダンスへの移行は非本来的存在様態から本来的存在様態への移行であり、先駆的決意性の現れである。この移行する過程は『存在と時間』のなかで「様態的無差別」として触れているが掘り下げられてはいない。本項では舞踏家、即興ダンスを遂行する者の文章及び事例を基にその検討を試みる。以上が本項での問いである。

そのためにまず、『存在と時間』と『哲学への寄与』における存在概念と土方巽の理論の一面を記した『刑務所へ』という文章における存在概念を照合し、舞踏、即興ダンスにおける身体運動の在り様との関わりを吟味する。その上で日常生活における身体運動の在り様を検討する。

a.『存在と時間』

(1)『存在と時間』における企投

『存在と時間』においてハイデガーは「そのつど私自身である[14]」存在者を人間と規定し、現存在 Dasein[15] と呼ぶ。現存在は「自分に先立って存在している[16]」可能的に存在するものであり「気遣いとして露呈[17]」している。この「気遣い[18]」は「理解[19]」、「情態性[20]」、「語り[21]」、「投企[22]」から構成される。「気遣い」とは「理解」つまり存在する可能性としての現存在の在り方であり、現存在は「情態性」つまり「気分づけられたあり方[23]」に基づきつつ、自らが存在する「可能性を可能性として自分にまえもって［先駆的に］投げかけ、可能性として存在させ[24]」、「語り」つまり「了解可能[25]」な可能性を「分節化[26]」することにより意義を取り出し、意義づけられた存在可能性に向け「委ねられているという事実性[27]」つまり「被投性[28]」において、〝自らがそこに存在することそのもの〟を「投企」する。つまり意義づけられた存在可能性に向け自己の存在を投げ込むことにより自らが意義づけたところの「世界内存在[29]」全体を開示するのである。以上のような現存在の在り様は「本来性と非本来性の二存在様態[30]」つまり現存在〝自らがそこに存在することそのもの〟に関わる「本来的存在様態[31]」と日常生活に頽落し存在する者に関わる「非本来的存在様態[32]」として「理解」される。そして〝自らが存在することそのもの〟はこれら「二つの様態の一方において、あるいはその両者の様態的な無差別にあって、そのつど実存する[33]」。この「両者の様態的な無差別」にある状態とは、非本来的存在様態から本来的存在様態へと移行する、または本来的存在様態から非本来的存在様態へと移行する際に生じる本来的存在でもなく非本来的存在でもない様態であり、本来的投企への準備段階、あるいは本来的投企からの解消という移行過程という二つのモードを持つ。

　現存在は本来的存在様態において「顧慮的気遣い[34]」によって自己という〝そこに存在することそのもの〟の可能性を理解する一方、非本来的存在様態において「ひとDas Man[35]」として、世界内存在していることに気づかないまま、存在者に向けた「配慮的気遣い[36]」によって自己という存在者が存在する可能性を理解するのである。非本来的存在様態において現存在は、自己、他者という現存在と周辺環境である存在者からなる全体性、つまり「世界[37]」のもとで住まい、自己、他者、存在者が存在することに親しんでいる。その時「世界」は「つねにすでに頽落[38]」し、自らは〝そこに存在すること〟そのものに背を向け、関わりを避け、「ひとDas Man」として日常生活に没頭している。そして非本来的存在様態にある「ひとDas Man」に「良心の呼び声[39]」つまり〝存在することそのもの〟へ前向きに関わる契機がもたらされることにより、「死[40]」つまり非存在の可能性に向けた前向きな「決意性[41]」を持って、不安な「情態性」の開示のうちに本来的存在様態へと現存在は移行するのである。この移行により現存在はおのれという「一箇の存在可能性[42]」を「そのつど……引きうけなければならない[43]」こととなる。それにより現存在は「自分のもっとも固有な存在可能にあって自分に差し迫っている[44]」いわば切迫した状態に置かれる。つまりもっとも固有である「死は現存在の端的な不可能性の可能性[45]」のうちに置かれるのである。一方、現存在は非本来的存在様態において、存在可能性と非存在というふたつの可能性を合わせもつことに向き合わないまま「頽落という様式で死につつある[46]」。この存在様態において、現存在の「死」という固有な非存在の可能性が自ずと徐々に露わになることを示す。つまり日常生活において現存在は日常生活に没入し「〈ひと〉のなかへと喪失されて[47]」いる在り様から「良心の呼び声」、つまり「死」という非存在の可能性は、自己の生死に関わる切迫した状況に置かれることにより、さらに「他者という現存在、その存在可能性と非存在の可能性との出会いにより、自己という現存在へ自ら関わる機会が強度の変化を持ちつつ到来することにより、自己という現存在のもとへと連れ戻される。日常生活における頽落した自己に対してこの連れ戻しが現存在に「注意を向ける誘因[48]」として「沈黙という様態において語る[49]」ことにより、「もっとも固有な自己で在りうることへの呼び醒まし[50]」が行われるのである。この過程を経て現存在において「もっとも固有な負い目ある存在へと向けて、沈黙したままで、不安に耐えつつ自己投企する[51]」開示性、つまり「決意性」により非存在という可能性が露呈するのである。「死」という「もっとも固有な可能性は、関連を欠いた可能性である。先駆することによって現存在が理解するのは、端的に自己のもっとも固有な存在が問題であるような存在可能性を、現存在はひたすら自己自身の側から引きうけなければならない[52]」ことであり、現存在は非存在という可能性を持つことにより、切迫した状態にありつつも決意を持って「この可能性のてまえにひろがっているすべての可能性[53]」つまり「全体的存在可能として実存する可能性[54]」を開示することとなるのである。

（2）舞踏における企投

では、以上の本来的存在様態、非本来的存在様態、そして様態的に無差別の状態における現存在は舞踏、即興ダンスといかなる関わりを持ちうるのか。一言で言えば、いずれの存在様態においても舞踏、即興ダンスは深い関わりを持つ。それぞれの存在様態について見てみよう。

舞踏、即興ダンスは本来的存在様態において遂行する。舞踏の創始者である土方巽、大野一雄は舞踏という身体運動の存在様態を「生きつつ死なされている」という形で基礎づけた。

まず土方巽は「舞踏とは命がけで突っ立っている死体である」と定義した。「命がけで突っ立っている」とは生という存在可能性に向けて投企することであり、「死体である」とは死という非存在の可能性に向けて投企することである。土方は自らのエッセイ『刑務所へ』において、刑務所における囚人の存在可能性と非存在の可能性が重なり合う「全体的存在可能として実存する可能性」を引き受ける在り様を舞踏という身体運動として構想した。舞踏は生と死の可能性の重なり、つまり次の瞬間生きているかもしれないし死んでいるかもしれない状態に身を置き踊るのである。

土方が舞踏という様式を創り上げるにあたり目指したのは「飼いならされた身体」を形作った道具とそれらの連関、習慣、制度を一旦括弧に入れ、ハイデガーの言う非本来的存在様態にある日常生活から身体を「解放する」ことであった。非本来的存在様態における「世界」を構成する道具連関、習慣、制度は常に目的を持ち、そこから存在可能性が方向付けられ、身体とその運動もその方向に適合、従う形で形成される。それとは逆に舞踏は非本来的存在様態から現存在に関わる本来的存在様態へと移行すべく、目的をすべて剥ぎ取ることにより、自己という現存在の内側から無目的な身体運動が被投的に露わとなるとともに、露わとなった事態そのものが存在論的な身体表現として成立するのである。

土方は『刑務所へ』のなかで、刑務所の囚人のように死刑を求められた上で死刑を待ち死刑が執行されるまでのあいだを刑務所の中で生きる様を自らが置かれるべく理想郷として想像すると記している。ハイデガーによれば「死」は現存在における可能性の現実化そのものが端的になくなる事態であり、存在可能性自体が不可能になる事態、謂わば「現存在の終結」[55]であるとともに世界内存在の喪失である。囚人は「死」という世界内存在の喪失に直面しつつ保留されている「差し迫った（beforschtant）」状態にある。囚人は処刑による自らの「死」を他者による決定に委ね、「死」に直面しつつ自ら死ぬことを許されないまま「おわり」の「まえ」[56]に不断に「なお死んでいない」状態にあるのである。囚人はこの受動的で切迫した状態に置かれ、生きつつも「なお死んでいない」状態が持続する。つまり「死なされつつ生かされている」のである。土方はこの状態に直面し続け保留され続ける気構え、態度、姿勢を舞踏の必須条件として舞踏を行う者に要求する。舞踏を行う者は自己の存在に自ずと訪れてしまっている「死への先駆」において踊らなければならない。ここで要求される様態は『存在と時間』における「終わりへと関わって存在していること（Sein-zum-Ende）」、非存在の可能性へと「先駆すること（forauchen）」という本来的存在様態における現存在の基本的な在り様であり、舞踏を行う者は「おわりへと関わって存在していること（Sein-zum-Ende）」[57]を身体表現という形で露わにするのである。

断頭台に向かって歩かされる死刑囚は、最後まで生に固執しつつ、すでに死んでいる人間である……歩いているのではなく、歩かされる人間、生きているのではなく、生かされている人間、死んでいるのではなく、死なされている人間……この完全な受動性には、にもかかわらず、人間的自然の根源的なヴァイタリティが逆説的にあらわれているにちがいない。[58]

現存在は「生」つまり、「死」という「おわり」、「現存在の終結」の「まえ」において不断に「まだ死んでいない」事態を持続する。土方は徒刑台に向かう死刑囚を「最後まで生に固執しつつ、すでに死んでいる人間」という具合に存在可能性、非存在の可能性においていわば〝宙ぶらりん〟の位置に配すると同時に、その在り様を「歩いているのではなく、歩かされる人間、生きているのではなく、生かされている人間、死んでいるのではなく、死なされている人間」という形で、非本来的存在様態における日常生活から本来的存在様態における受動性を取り出している。土方は、「死」という「現存在の終結」の前において「まだ死んでいない」という現存在の存在可能性の本来の姿を舞踏として定義した。言い換えると「〈おわりに達している〉こと」を回避することにより「死ぬこととして[59]」構成される「現存在の全体性[60]」を「生」である身体運動において引き受け、切迫した局面のうちに「生きる」という身体運動を可能にするエネルギーが湧き上がる場を見出す。つまり「人間的自然の根源的ヴァイタリティ」を基に産まれる身体運動を舞踏として定義したのである。

現存在は「死」という「おわりへと関わる存在」であり、この「もっとも固有な、関連を欠いた、追いこすことのできない存在可能[61]」へ関わって実在する存在は、実存の端的な不可能性に直面し、その不可能性を日常性において「覆いかくしている」。舞踏、即興ダンスは端的にその「覆い」を取り払う。それにより開ける現存在の存在可能性とその非存在の可能性のうちに〝宙ぶらりん〟になっている自己という現存在を露わにする。そして現存在の存在可能性、非存在の可能性に気づき向かい合う局面において現存在には「不安」、「不気味」という情態性／気分が生じそれらをともないつつ固有の現存在をその身体運動のうちに露呈するのである。「不気味」という情態性／気分は舞踏、即興ダンスの必須要件となる。

一方、もう一人の舞踏の創始者である大野一雄は「終わりへと関わって存在していること（Sein-zum-Ende）」という非存在の可能性を戦争、捕虜収容所と母胎のうちに経験した。

大野は１９３８年に召集を受け、中国、ニューギニアで従軍した。特にニューギニアは最前線であり戦死者、飢餓者が出る中、窮迫した状態で生き延びた。その後捕虜収容所に送られ、１９４６年日本へ帰国の途において日本への生還船の中で亡くなり人々が水葬される様子を見つつ、大野一雄はその霊とともに、あるいはその霊となり〝クラゲのダンス〟を踊る決意をする。すでに表現主義に由来するモダンダンスのダンサーであり、ダンスを指導する体育教師あった大野一雄はこれらの経験のうちに現存在の存在可能性とその非存在の可能性の重なりにおける〝宙ぶらりん〟の状態を実際に経験したのであった。

さらに大野は生還後の創作活動において、現存在の存在可能性とその非存在の可能性の重なりを母胎とその中にいる胎児のつながりのうちに見出だす。胎児は母胎から栄養を摂取し成長すると同時に母親と伴に死へ向かう。母親は胎児に栄養を与え成長させると同時に胎児と伴に死へ向かう。胎児も母親も母胎という場で〝生かされつつ死なされている〟のである。大野一雄にとって舞踏とは窮迫の場において〝生かされつつ死なされている〟状態、つまり現存在の存在可能性、非存在の可能性に向き合う本来的存在様態のうちに、現存在が身体運動において露わになるものであり、さらにそれはそれまで生きてきた固有の歴史を一つひとつの動作のうちにその都度露呈するものであった。

大野は「生」を大切にした。「生」を大切にすることは日常生活、日常的な思いを大切にすること、丁寧に生きることである。非本来的存在様態におけるひと（Das Man）としての生活、すなわち毎日の衣食住、歩く、見る、触れるといった行為を丁寧に大切に遂行すること、日常の他者、生き物への思いを大切にすることで形づくられる生き方、それらが一挙に本来的存在様態における身体運動にそのまま現れると考えたからである。つまり衣食住におけるさまざまな素材、道具、手順、さらに歩く、見る、触れるといった人間の基本的な行為そのものの動き、質、感触、リズムなどについて肌理細かく感じ取りながら注意と調整をおこなうとともに、他者、生き物への思いに先導されながらそれらを丁寧に身につけていく。これら身についたものは本来的存在様態における身体表現においても動作の下地として自ずと露わになるのである。大野にとって非本来的存在様態と本来的存在様態の関係は、両者が断絶しているものではなく地続きであり、非本来的存在様態から本来的存在様態へと移行しても動作を産み出す力、質、感触、リズムへの注意とそれらの調整能力、他者、生き物への思いの積み重ねが本来的存在様態における動作産出のうちに自ずと現れ発揮される。つまりこれまでの日常生活、さらに人生のなかで育まれた立ち姿や振舞が生き生きと個々人の歴史としてそのまま大野の身体に表現されるのである。

（3）即興ダンスにおける企投

次に即興ダンスという身体運動を本来的存在様態、非本来的存在様態の観点から捉えなおしてみる。即興ダンスはあらかじめ恣意的に考え作り決められた手順や輪郭に従うことなく動作を産出する。即興ダンスを踊る者はその都度、何かしら自己という現存在の在り様において、情態性に基づきつつ、自己という現存在の存在可能性のうちに被投的投企を行い、それにより自ずと産まれてくる動作において表現として自らを開示する。その際、即興ダンスを踊る者は日常生活の頽落した在り様から切り離され、一人その場に置かれ、〝次にどのような動作を産出するのか〟を考えられない状態、緊迫した追い詰められた不安な状態から動作の産出を開始する。その状態において非本来的存在様態から本来的存在様態へと移行を開始する機会つまり「良心の呼び声」が「到来 Zukunft」し、その機会との出会われを引き受け、自らの存在可能性のうちにひとつの動作を選択するのである。上述の通りこの過程において恣意性を挟むことはない。それにより産み出される動作は他者、物理的環境に適応可能な必然性を持つことができるのである。一方恣意的に動作の手順や輪郭が決められた日本舞踊やバレエ等の舞踊においては、動作の手順、輪郭を学習し（いわゆる稽古）、それら学習内容を身体に入れ、円滑な遂行を念頭に置きつつ動作を産出する。後者の過程は日常生活の頽落した在り様のうちに、つまり非本来的存在様態において遂行される時がある。即興ダンスにおいては自己の存在、自己のそれまで生きてきた歴史が露呈されるが、日本舞踊やバレエなどの舞踊においては動作を産み出す肌理細かさや円滑な動作の持続などの技術力と美的側面が前景化する場合がある。その意味では即興ダンスという本来的存在様態において踊る限りにおいて自閉症、ダウン症、知的障がい等を持つ者と持たない者の間になんら違いはない。さらに日常生活において自らのうちに習慣化した動作から即興ダンスへの移行は非本来的存在様態から本来的存在様態への移行であり、先駆する契機となるのは他者という現存在の「到来」と出会われである。自己の他者という現存在への「顧慮的気遣い」のうちにその到来、出会われに切迫し、窮迫した状態に置かれるとともに、それを受け止める自己という現存在へ関わらざるを得なくなる不安に気分づけられつつ、自己という現存在、他者という現存在と関わる決意性が露わになり、それにより自らを他者に開きつつ他者と連動することを試み、他者とひとまとまりの即興ダンスを成立させなければならないという「負い目」、つまり責任を連動の試行と成立の試みの最中において始終持つこととなる。即興ダンスを踊るということは「自己は、じぶんが〈なんであるか〉についてはなお規定されておらず、空虚なままにとどまっている……規定されていない目につく在り方で身を保っている[62]」状態において「良心」に呼びかけられている状態であり、「〈ひとである自己〉へと喪失されているあり方から現存在の自己を呼び醒ます」行為である。この在り方は即興ダンスを行う場、さらに土方の「刑務所」、大野の「戦場」、「収容所」、「帰還船」、「母胎」における在り方と通じる「良心の呼び声が生じる隙間」として捉えることができるだろう。

即興ダンスの遂行とその持続において生じる不安という気分、それを基づける「死」という非存在の可能性が本来的存在様態における存在可能性とともにある瞬間、いわゆる「瞬視[63]」の状態を生じさせる。その状態において、非存在の「可能性のてまえにひろがっているすべての可能性」つまり「全体的存在可能として実存する可能性」に自己は直面する。それにより自己のみ、あるいは他者との即興ダンスの持続に必然性を持った動作の選択が可能となる。つまり切迫した状態において自己の選択肢を限定していた枠を自ずと取り払い、豊かな選択肢を獲得し〝次の〟動作を選択することが可能となるのである。窮することで自由になるのである。そこで『存在と時間』のなかで、非本来的存在様態における表現を可能とするとしている「理解」と「語り」は本来的存在様態においていかに遂行されるのか、そのメカニズムを明らかにする必要がある。

本来的存在様態における他者との即興ダンスにおいて自己が経験するのは、上述の通り切迫した他者という現存在との関わりである。その関わりは非本来的存在様態から本来的存在様態へと「被投的(64)」に移行してしまっている状態であり、他者という現存在と連動するという「負い目」、つまり責任が他者から与えられることにより、自己は非本来的存在様態から本来的存在様態へと移行するよう強いられる。この過程において、自己は本来的存在様態への移行、他者という現存在との連動を成功させるまで非本来的存在様態、本来的存在様態どちらでもない「両者の様態的な無差別にあって、そのつど実存(65)」することを繰り返し試みる。言い換えると、「様態的な無差別」の状態とは「良心の呼び声」の到来を〝待つ〟状態であり謂わば隙間である。その隙間は本来的存在様態と非本来的存在様態の間に位置し、非本来的存在様態から「様態的な無差別」を経て本来的存在様態へ、または本来的存在様態から「様態的な無差別」を経て非本来的存在様態へ移行する。つまり前者は「良心の呼び声」の到来とともに「様態的な無差別」の状態から自らを本来的存在様態へと投企し、後者は本来的存在様態において「良心の呼び声」が生じなくなった時、自ずと「様態的な無差別」の存在様態をへて非本来的存在様態へと離脱するのである。土方の前述の「刑務所」になぞらえると、本来的存在様態は刑務所の処刑台の階段を上る行為であり、「様態的な無差別」の存在様態は刑務所の中での生活に、そして非本来的存在様態は刑務所の外での生活にあたり、そこには、それぞれの場面における死への遠近、切迫の度合いを見て取ることができる。

また即興ダンスの遂行中、「生かされつつ」在る、現存在の存在可能性と「死なされつつ」在る非存在の可能性のいずれかが他方の前景に自ずと現れている。この変化により情態性は本来的存在様態における「不安」[66]という情態性、非本来的存在様態における「恐れ」[67]の強度が強くなる場合もあれば、安心感、生命感の強度が強くなる場合もある。

b.『哲学への寄与』

(1)『哲学への寄与』における企投

ハイデガーは『哲学への寄与』において『存在と時間』における人間の在り様に変更を加えた。『哲学への寄与』では存在することを「生成 Ereignis」として扱う。「存在は生成としての原初」[68]であり「原初は生成としての存在それ自体」[69]なのである。「原初 Anfang」とは存在「自らを基づけつつ先んじて把握するもの」[70]であり、「追い越し得ないがゆえにそれは常に反復」[71]しつつ存在の「唯一性」[72]を確保し、存在は自らをその「反復」において企投するのである。以上の存在への視座から『存在と時間』において「現存在 Dasein」として扱われていた人間の位置づけも変更されることとなる。以下具体的に『哲学への寄与』における人間の在り様を見ていく。

『哲学への寄与』においてハイデガーは『存在と時間』における「現存在 Dasein」という語を、人間を指すものではなく存在の生成に立ち会う者として位置づけ、存在そのものが主語となり生成を行うものとした。つまり存在そのものは自らを生成する。存在は「原初的思索」つまり企投により「瞬間場」という時間に属する空間、空間に属する時間に隙間を開き、「現―存在 Da-Sein」という「間」を基づけつつ、存在の本質を生成するのである。人間は「存在を予感し」[73]、存在の呼びかけに聴きしたがい、存在の生成を探索し、守り、見張り、引き受けつつ、自らをその隙間に建てる者である。人間はそれらの行為により「存在の本質現成として生成に自らが帰属していることを知る者」[74]となるのである。上記の過程をハイデガーはある原初から別の原初への移行として捉え、存在はこの移行の過程を不可避的にその都度反復するものとした。それとは逆に「迅速性、算定、大衆的なものの要求[75]」などにより存在そのものが存在者から立ち去った状態を次のように規定する。『哲学への寄与』においても『存在と時間』における本来的存在様態と非本来的存在様態の区別は受け継がれているのである。存在者から存在そのものが抜け出て、立ち去っている状態とは算定、表象により組み立てられ割り切った理解ができる現前性を持った日常生活における在り様であり、「原初」における開かれ自体が起きることはない。存在そのものが抜け出て立ち去っている状態ではいわゆる本質における範疇のもと、そして恣意性による操作のもと存在者が生成される。その過程において存在そのものは履蔵され、開かれることはなく、閉じられている。一方原初は存在そのものが隠されておらず、全き開かれのうちに生成の瞬間を繰り返す状態にある。次項で説明する慎みの気分において「〔心を閉ざした〕決心 Bechluß としてではなくて、〔胸襟を開いた〕覚悟性 Entschlossenheit として……存在者を創り変え、かくして創造する決断[76]」そのものへの決断を通じ「根源的に〔なすこと〕としての問うこと[77]」が起こり、その問いを契機とし表象を持たない存在そのものの生成の瞬間のうちに底なしの深遠な空間が開かれ、「存在の〈真中〉に立つ[78]」、「内的緊迫性をはらんだ担いの実りの豊かさ Ertragsamkeit[79]」と「存在それ自体の空け透し[80]」から光が放たれつつ開かれているのである。この内的緊迫性は「強さ：創造的に自分を乗り越えて成育することの最も広い諸活動空間を、自由に保証することの巧みさ[81]」、「決断性：生成のうちへ聴きしたがい属していることの確かさ[82]」、「柔和：覆蔽されたものと開き保たれたものを闊達に覚醒させること[83]」、「単純性：存在の無尽蔵性を存在者の保護の内へと蔵し、存在の訝しさから解き放たれないこと[84]」という構成要素を持つ。「強さ」はその瞬間おかれた原初において別の原初に向けた生成に十分な選択肢を適宜習得する能力、と言い換えることができる。「決断性」は存在の生成に自己を任している被投的な状態であり、その任している度合いであるといえる。「柔和」は存在の「開かれ Eröffnung」を存在者のうちに隠されつつ開かれている生成に向けた選択肢の展開可能性であり、「単純性」は存在者における存在生成に向けた選択肢の限りなさを確保することである。これら内的緊迫性の内容からそれぞれの内容は存在を生成する構成要素であり、それぞれにおいて度合いを設定することが可能であると筆者は考える。「強さ」は選択肢の幅の度合い、「決断性」は被投性の度合いであり、「柔和」は開かれを遂行し持続する力の度合いであり、「単純性」は存在生成に向けた選択可能性を確保する度合いであると言うことができる。つまり内的緊迫性における各内容は存在の本質を生成する仕組として構想されており、「原初」において右記構成要素が連動し機能することにより、存在の本質、つまり開かれが存在そのものにより生成される。そして「底なしの深遠な空間」の内的緊迫性における強度の差異、つまり「強さ」、「決断性」、「柔和」、「単純性」それぞれの度合いにしたがい、時間、空間が相互に帰属する「瞬間場 Augenblick」において生成される現—存在の本質であるところの存在様態、存在の開かれは生成のたびに変化するのである。

そしてハイデガーは、「存在を欲する」[85]という「決断」[86]は「自己維持の衝動」[87]であり「生」[88]であるとする。そしてその「決断」を「行為」[89]以前に遂行される「存在」、「存在の歴史」自体を裂開する時空的なものと捉えた。

ハイデガーは存在そのものが「隠された原初」から「開かれた原初」への移行を「存在の歴史」として捉え、存在の真理の探索そのものとして捉えた。「原初」への移行は存在が隠されているか、開かれているかに関わりなく唯一かつ固有のものであり、「この一回的なもののみが反復可能」[90]であるとする。つまり一つの「原初」を基に、そして契機としてその「原初」から異なる別の「原初」を存在は唯一性、固有性を保ちながら繰り返し存在生成するのである。存在の生成に立ち会う者、すなわち人間に「第一の原初」から「次の原初」への移行は気づかれることはないが、その移行そのものは自ずと経験される。その経験は「第一の原初」のように少なくとも存在が立ち去っていない状態から、「開かれた原初」、つまり存在の本質の開けは内的緊迫性の強度、存在生成の可能性拡大にしたがい、その開けの度合いが変化する。しかしその開かれの状態を自己が見定めるには、存在生成の最中に、自己が「瞬視」の状態を感じ取っていることにより、そして事後に自己を顧慮することにより、または他者との共振を顧慮することにより、また自己と他者との共振の状況を他者から報告されることにより、「開かれた原初」、つまり存在の本質の開けの状態、「存在の歴史」自体に気づき、捉えることが可能となるのである。

（2）即興ダンスにおける企投

『哲学への寄与』における人間の在り様を即興ダンスという身体運動から捉えなおしてみる。身体運動は企投による存在の生成そのものとして位置づけられる。そして即興ダンスを踊る者は上述の通り、存在を予感し、存在の呼びかけに聴きしたがい、存在の生成を探索し、守り、見張り、引き受けつつ、「瞬間場」において隙間を開き、「現―存在 Da-Sein」における今ここという「間 Zwischen」を基づけつつ、自らをその「間」に建てる。「瞬間場」において「間」を建てるとは、ひとまとまりの動作の持続に区切りをつけ、次なるひとまとまりの動作へ移行することである。この「間」は「底なしの深遠な空間」であり、「存在の〈真中〉に立つ」[91]、「内的緊迫性をはらんだ担いの実りの豊かさ Ertragsamkeit」と「存在それ自体の空け透し」から光が放たれつつ開かれているところのものである。つまり「強さ」という選択肢の幅の広さ、「決断性」という被投性の度合い、「柔和」という開かれを遂行し持続する力の度合い、「単純性」という無限の選択肢の選択可能性、開かれの持続を確保する度合い、それぞれの度合いの豊かな可能性から動作という「「活動における」存在 ens »actu«」が生成されるのである。そしてその存在は「まさしく「休止」における存在者」[92]であり、「運動態の最高の集中」[93]という「もっとも恒存的で充実した用意の中での諸可能性の、格別なもの das Zumal」[94]、つまり「休止」における選択過程の結果として唯一の新たな動作が産まれる。つまり内的緊迫性は動作を産み出す調整メカニズムとして機能するのである。

以上の「原初」において踊る即興ダンスとって瞬間における「休止」つまり隙間は不可欠なものであり、自己という存在は各々唯一の「仕方」で企投し続けざるを得ないのである。そして上記の状態は同書における「窮迫」と捉えることができる。ハイデガーは「「窮迫」の無さ」を「善として評価される」と位置づけ「福祉や幸福」は「利用可能で享受可能なものの途切れることのない供給Zufuhrからのみ、進歩によって増大してゆく既に現存のものからのみ維持される[95]」ものであり「進歩は、従来のものだけをその固有の進路の上で「さらに先へ」促進するもの」として「将来を欠いている[96]」と定義する。それに対し「窮迫」は「窮し強いるもの、掴み取れないままに保たれているものは、本質的にいかなる「進歩」をも凌駕している。なぜなら、それは真に将来的なもの自体であり、しかもそれは、そもそも禍と善の区別から抜け出ており、あらゆる算定から抜け出ている。「窮迫」にあることは「固有の進路」の上にない「進歩」を凌駕し「窮し強いるもの、掴み取れないままに保たれている[97]」と定義づける。「窮迫」にあることである。以上のことを「休止」の視点から捉えなおすと、「窮迫」とは連続性と無縁の隙間にある状態であり、「瞬間場」における「窮迫」において、将来自体に面するところの「休止」のうちに「窮し強いるもの、掴み取れないままに保たれている」、「運動態の最高の集中」という「もっとも恒存的で充実した用意の中での諸可能性の、格別なもの」、言わば全き可能性を即興ダンスは持つことが可能となるのである。

前項の「原初」としての存在の生成、つまり企投を舞踏家である岩下徹による即興ダンスに当てはめてみる。岩下の遂行する即興ダンスにおいては、他者、物理的環境の存在が前提とされる。岩下のある公演でのソロダンスについて筆者の内部で感じ取った内容を以下に記述し、それを分析する形を試みる。

岩下の即興ダンスにおいて「生と死」、「壁と自由」という言葉が前景化した。「壁」とは舞踏の在り様を土方巽が描いてみせた「刑務所へ[98]」における「刑務所」のそれであり、生を境界づけるものである。岩下はその「刑務所」のなかで「断頭台」における死を待つ「囚人」として幾様にも生きてみようと自らをその場に企投する。先駆的死を受け入れながら「生かされつつ死なされつつある」状態を窮迫のなかで露呈し、「瞬間場」において隙間を開き、「運動態の最高の集中」において自らの動きを丁寧に産み続ける。そして観客も同氏と連動し、「刑務所」のなかで死を待ちつつ生かされている「囚人」となり、両者は地続きの堅固な平面で結ばれていた。両者の連動により会場は「刑務所」という存在生成の場となった。岩下は「囚人」として、「休止における存在者」として存在しつつ常に死の可能性を受け入れている。そのなかで岩下は観客とともに「自由」を得ようとするのである。会場壁面の木製の壁はその都度、生そのものを区切る「壁」、母胎という「壁」、制度という「壁」になり、同氏はその「壁」に丁寧に自らの身体を沿わせ、触れ親しんだり、その一方で「壁」に肉体を叩きつけたりもした。「刑務所」のなかで密度、強度の異なる空間がその都度産まれ、肉体そのものが硬質な空間となったり、同氏の産むベールの様な空間が観客である「囚人たち」を包み、ベールに触れ合ったり、特定の「囚人」と〝話し込んだり〟、「囚人」同士「自由」に交流していた。その場に起ち上がった「囚人」でありつつ「自由」であった。その都度起ち上がるすべての動きは自ずと表現となり、その持続のうちに同氏の生の履歴が開陳されていた。岩下は内的緊迫性という調整を行いつつ動作を生み、その持続は空間を生む。両者は「原初的思索」つまり企投により「瞬間場」という時間に属する空間、空間に属する時間に隙間がその場でその都度開かれていた。

岩下は『私の考えるダンスについて』において次の様に述べる。

> 即興は断じて恣意的でも放縦なものでもなく、いかなる瞬間においてもその必然が確かに宿っていなければならないのです。良くも悪しくも自己に忠実たれ！　さもなければ観客と繋がることができません。観客もそれぞれに正直な生（ナマ）の身体を携えているからです。(99)

岩下は即興ダンスの遂行において必然性を常に求める。その理由は他者と連動するためであり、恣意性を持つことにより他者との連動にズレが生まれてしまうからである。そのために「自己に忠実」な動作を必然性において産出する必要がある。他者とその動作に注意を向け、向き合い続け、他者と連動する可能性を常に意識することなく模索する態度こそ、即興ダンスの遂行において求められるものである。岩下の場合、ソロで踊っていても観客という他者が常に存在し、他者と関わろうと試みる。必然性のある動作を産出することは自己と他者の「活動における存在 ens »actu«」の連動のためにも必要不可欠なのである。

即興ダンスでは恣意性を持つことなく、いわば先のことを考えることなく自らをその場に投げ込む。そこでは何も考えていないがゆえに、感覚される環境を受け入れつつ自らの在り様は存在そのものに委ねることになる。即興ダンスを開始したらすぐにその状態になるわけではない。何も考えず場の状態を感じ取りつつ、「運動態の最高の集中」において内的緊迫性を調整しつつ自らを委ねる。その時動作の輪郭はその存在生成の過程と一切関わりがない。「運動態の最高の集中」における存在の生成は動作による存在の本質の思索を開始するという決意をもって遂行する。その決意は恣意性を持たないように決意することであり、自らの存在を存在にゆだねるという切迫に追い詰める決意でもある。その切迫が契機となり自らの存在は存在の呼びかけに聴きしたがう体制へと自らの身体運動のモードを変更する。そしてその切迫は継続するが、内的緊迫性の度合いにしたがい身体運動自体は調整され、切迫が最小の状態にまで至ることにより、拘束や辛苦から解き放たれた状態になる。そこでは恣意性が働いておらず、ただ動いている状態であり、その動きに想起やイメージされたものが自ずと反映されている。動作は在り様に沿って生じるものであり、自己のその都度の在り様において企投を行い、その都度の企投のうちに「間」が生まれ、その「間」のうちに生じる現―存在の内的緊迫性において動作の産出が選択、調整される。現―存在の内的緊迫性は「強さ」つまり選択肢の幅の広さ、「決断性」つまり被投性の度合い、「柔和」つまり開かれを遂行し持続する力の度合い、「単純性」つまり無尽蔵性、開かれの持続を確保する度合いから構成され、それらにおける度合いの調整により、身体運動の開かれ、および持続は確保されるのである。

第2項　「情態性／気分」による動作規定

情態性および気分はその都度の動作産出の選択・調整を内的緊迫性とは異なる形で自ずと規定する。本項では『存在と時間』、『哲学への寄与』双方で述べられる情態性および気分について検討し、両概念の展開を検討する。

a．『存在と時間』

『存在と時間』によれば、現存在は情態性のうちに世界内存在全体を開示する。情態性は「気分とか気分づけられている」[100]といったことがらを実存論的構造から存在論的構造へと捉えなおしたものである。「情態性は現存在をその被投性において開示し、しかもさしあたりたいていは回避しながら背を向けるという様式で開示するのである」[101]。多くの場合、現存在は非本来的存在様態において、つまり頽落した日常生活において、その存在可能性のうちにすでに投げ込まれており、「現存在はつねにすでにじぶんを……気分づけられた情態において……見いだし」[102]、本来的存在様態において現存在に関わる切迫した状況に直面することを避けたまま、世界内存在を明らかにする。そして「気分はそのつどすでに世界内存在を全体として開示してしまっており、～へと向かうことをはじめて可能とする」[103]のである。つまり、気分はその都度世界内存在における特定の存在者に関わるのではなく、ひとまとまりの世界内存在に関わり、気分が世界内存在を構成したうえで現存在を存在者と出合わせるのである。そして「目くばりによって配慮的に気遣いながら出会わせることは……襲いかかられるという性格を有している……「感官」「感覚」も存在論的には、情態的な世界内存在という存在の仕方を有する存在者に帰属している」[104]。つまり現存在は情態性に自己を委ねており「感官」つまり感覚も同様に情態性に自らを委ねている。情態性は全体性を持ち、世界内存在内部の存在者を構成することから、感覚により受け取られる内容全体が気分づけられ、眼差しに映る存在者すべてが気分づけられ規定されるのである。さらに世界内存在において自己を不安にする他者という現存在の到来、出会われとの関わりにおいては、他者という現存在への恐れを避けるべく、気分を高揚させるなどといった気分への移行が情態性による世界内存在の構成以前に遂行される。つまり気分は他者との連動、環境適応において、自ずとあらかじめ制御的にはたらいているのである。現存在は、死という非存在可能性に向けた、本来的存在様態における「不安」、非本来的存在様態における「恐れ」という情態性を持ち続け、その所有が前項で述べた非本来的存在様態から本来的存在様態への移行を可能にする調整項として働いているのである。つまり気分は存在様態の制御系として機能している。

以上の『存在と時間』における情態性の概念を即興ダンスという身体運動に当てはめてみる。即興ダンスを踊る者が脱力した状態に踊る者がなるようストレッチ運動を行う。その理由は本来的存在様態、非本来的存在様態いずれにあっても「かき乱されていない落ちついた気分[105]」を持つことにより、他者や物理的環境へ十分注意をはらい、他者や存在者から感じ取ったものに即応、連動した動作を意識以前に産出するためである。「かき乱されていない落ちついた気分」にあっては、注意、動作産出、連動における即応性と安定性、双方を確保することができる。気分づけにより構成された世界内存在は次の動作を産出する開始条件となることから、情態性は自ずと身体運動全体を他者、物理的環境に適応可能な状態への方向付けに大きな役割を負うこととなる。

即興ダンス遂行においては、非本来的存在様態における機嫌のよい気楽な気分、「阻止された不快な気分[106]」、「不機嫌な気分[107]」などとは「異なる本来的存在様態[108]」においては、自分の動きに責任を持つ、「重荷を負っている[109]」という情態性を持つことにより、顧慮的気遣いに基づく身体運動において、現存在の関わる世界内存在全体が露わとなる。それは注意、動作産出、連動における選択肢の広がり、さらに心的緊張、肉体的緊張の強度に現れる。ハイデガーは本来的存在様態における情態性を「死」に向けた本来的存在様態における「不安」という気分から捉えたが、自分の動きに責任を持つ、「重荷を負っている」についても、非存在の可能性に伴う情態性、気分であると考える。大野慶人はワークショップの最中「精神が肉体を先行する」ことを参加者に頻繁に声掛けをした。「精神」とは切羽詰まった状態において心の底から出る「思い」であり、その「思い」から自ずと動きが出てくる。そしてその底には自らの存在に関わる「不安」、「世界の惨状におかれた人々への思い」があると大野は述べる。切迫した状態において動作を産出するスタイルは舞踏の基本形である。舞踏における「生きる」とは自らの存在可能性であり、その存在可能性が切羽詰まった状態に自らの存在を投げ込む行為であり、「精神」、「他者への重荷を負う」という「思い」に肉体が導かれる行為なのである。自らの存在可能性への「不安」、「他者への重荷を負う思い」をこれらの過程を通じた動作の産出と持続において露わにするのである。「精神」という「思い」から離れてしまった行為は、自らの存在可能性への不安を露わにすることなく、その不安と向かい合うことなく行為することと言い換えることができ、そのように踊ることは、大野一雄がワークショップで言ったように「細く生きる、太く生きる」という舞踏ではなく「ただ細く、ただ太く」という表現に留まるのである。

b.『哲学への寄与』

『哲学への寄与』においてハイデガーは「原初における思索の根本気分は、諸々の気分の中で躍動する(110)」とし、「慎ましさ Verhaltenheit」、「驚嘆 Erschrecken」、「物怖じ Scheu」、「予感 Ahnung」などの気分を挙げた。「慎ましさ」は「現―存在の根拠の開基を、つまり生成の開基を、したがって現―存在の基づけを、気分において調える(111)」。つまり存在が明け開かれるという生成を「持ち堪えることによって根拠であらしめること(112)」を気分によって調整する。その「慎ましさ」は「慮り(113)」つまり配慮と気づきを遂行する根拠として機能する。この「慎ましさ」による配慮と気づきにより「〈現〉を持ち堪え抜く内的緊迫性として基礎づける[114]」ことが可能となる。そして「慎ましさ」は選択肢の幅の度合いである「強さ」、被投性の度合いである「決断性」、開かれを遂行し持続する力の度合いである「柔和」、無尽蔵性、開かれの持続を確保する度合である「単純性」を調整し、さらに「驚愕と物怖じ[115]」という気分を調整する。「驚嘆」は「以前には人間にとり、存在者はまさしく存在者であったのに、〔今は〕存在者があるということである。言い換えると、存在者があるということ、そしてこのあるが――存在が――あらゆる「存在者」とそのように見えていたものとから立ち去り、存在者から抜け去ってしまった、ということである[116]」。これまで存在者であったもののうちに蔵される存在に気づき、そしてその存在者から存在が抜け出てしまう移行に気づくということを指す。「物怖じ」は「最も遠いものそのものに近づくことと近くに留まることの様態である[117]」。存在そのものが明け開きつつある過程における根本気分であり、「物怖じ」しつつも「最も近いもの[118]」となることで存在のすべての連関を自らの内に集め収める[119]」。そして「慎ましさ」は「驚愕と物怖じを気分によって調える〈真中〉、根本気分の根本動向[120]」に位置するものなのである。「予感」はそうすること「それ自身において、気分づけて調える力が自らを自己自身の内に基づけ返す保持の作用である[121]」。「予感は原初的な内的―緊迫性を現―存在の内に置き入れる。予感はそれ自身において恐れであると同時に鼓舞の感動である――ただしそれはいつも、予感がここで根本気分として、現・存在における存在の震えを現―存在として気分的に調え合わせ、気分的に――定める[122]」のである。

　以上の情態性に関わる構造を基に即興ダンスという身体運動を捉えなおしてみる。即興ダンスをする者にとって動作の産出を丁寧に行うことは即興ダンスを成立させるための前提条件である。そのためには他者、物理的環境に細かく注意を払い、気づきを得、動作を予期・選択し調整する必要がある。言い方を換えると内的緊迫性が十分働いていなければならない。つまり即興ダンスを円滑に遂行する根本の気分は「慎ましさ」であり、踊る者は即興ダンスの開始時から「慎ましさ」という気分の度合いにより規定されていなければならない。「慎ましさ」という気分が弱くなることにより、身体運動そのものの肌理は荒くなり、他者との関わりにおいてもその円滑さは減退する。つまり「慎ましさ」という気分により基づけられる内的緊迫性の持つ、身体運動を予期、調整する機能が十分働いていないのである。以上のことから「慎ましさ」という気分は即興ダンスの遂行を一貫して通底している必要がある。

そしてその「慎ましさ」と並列する形で、即興ダンスの開始時「驚愕」という気分が生じる。それは即興ダンス開始前に自己の存在が日常生活の状態にある場合、即興ダンス開始時、恣意的筋立てを持つことなく膨大な可能性が与えられるなかで、窮迫のなかに投げ込まれ、言葉にはならない日常的状態と即興ダンス遂行時の状態の間に存在論的差異、つまり存在そのものに気づかされ、自ら企投したその場で「驚愕」する。その窮迫の状態における「驚愕」から次の企投を開始しなくてはならない。そしてそれら企投の繰り返しの内に立ち去っていた存在を蔵し、自らをその身体運動の内に建てようと試みる。それは存在そのものが「最も遠い」状態から「最も近い」状態へと接近していく過程であり、現―存在における内的緊迫性の調整がなされながら、その過程は「物怖じ」という気分により基づけられている。これら気分の移行とともに、内的―緊迫性を現―存在の内に置き入れるのである。

このように即興ダンスの実践に鑑みると、「気分」は「驚愕」という一時的に生じる気分、「慎ましさ」、「物怖じ」という持続する気分に分けることができ、「慎ましさ」と「驚愕」、「慎ましさ」と「物怖じ」という具合に複数の気分が並列して調整項として存在の生成を規定するものであると考えることができる。気分の並列的な在りかたのメカニズムについてさらに検討が求められるところである。

そして即興ダンスの実践において存在が開かれていく過程では「生命感あふれる」という生に積極的につながる気分が生じており、開かれの度合いが高くなることにより「自由」という気分が生じる。これらは『存在と時間』、

『哲学への寄与』においても主題的に扱われることはないが、「慎ましさ」、「驚愕」、「物怖じ」それらと並列して生じるものとして扱われる必要があると筆者は考える。

大野慶人の舞踏は「慎ましさ」、「物怖じ」、「驚愕」、「予感」いずれをも観客に感じ取らせ、その動作の持続により観客を巻き込み、深い感動を生む。大野の表現では、眼差し、口の開き、表情の豊かさと虚なる様を併せ持つ顔、肉体の硬さ、自己存在における存在感の強さ、佇まい、立像、ゆったりとした動作の持続など、上記調整項が最大限に働くことにより自ずと広く強度をもった空間が形成されていた。

第3項　「理解」と「語り」による動作規定

本項では「理解」と「語り」について検討する。その理由は『存在と時間』において「理解」と「語り」の扱うところのものは非本来的存在様態における言語であるが、筆者は即興ダンスという身体運動の産出過程を本来的存在様態における「理解」と「語り」として捉えることができると考えるからである。さらに『哲学への寄与』における「理解」、「語り」と類似的性格を持つ「響き」について検討を加える。身体運動においては「語り」という分節化を動作の分節化として捉えるのではなく、自己存在が動作を産出するための、表象というイメージの分節化としてその持続として捉える。

a．『存在と時間』

(1)『存在と時間』における「理解」と「語り」

『存在と時間』における「理解」と「語り」を以下にまとめてみる。「理解」は自己という現存在の存在を「さまざまな可能性に向けて投企する」(123) ことであり、さらに「投企の作用は、自分を完成させるという固有な可能性をともなっている」[124]のである。つまり「理解」においては、自己という現存在を被投的に存在可能性のうちに投げ込み、その投げ込みにより自己という現存在に存在論的な固有性をもたせ、存在的に固有のものとするのである。そして「語り」は右記の存在可能性を固有に構成する役割を担う。具体的には「世界内存在の理解可能性を「有意義化しながら」分肢化[125]」することにより「言明、公言[126]」を行い、「世界内存在の情態的な理解可能性を、意義にそくして分肢化[127]」することにより、「音声の抑揚や転調のうちに、語りのテンポのうちに[128]」実存を開示するとともに「情態性にぞくするさまざまな実存論的な可能性を伝達する[129]」、つまり「詩作[130]」を行うのである。そして「世界内存在は顧慮的に気遣う共同相互存在の特定の様式のうちにそのつど身を置[131]」き、「理解し合う共同相互存在の分節化[132]」を行い、「共同的情態性と共同存在の了解との「分かち合い[133]」」のうちに「共同相互存在は、承諾や拒絶、要求や警告として、討議や相談や代弁として、さらには「供述」したり、「演説」という様式で語る[134]」のである。このように現存在は孤立的に存在するのではなく、他者との出会われを伴う存在であり、「共同相互存在」は他者という自己存在と顧慮的気遣いによって「語り」を通じ連動する存在である。そして「聴くこと[135]」とは「他者と共に在る、理解する世界内存在として現存在は、共同現存在と自分自身とに「聴従して」おり、この聴従にあってたがいに所属している。「語り」と同様に相互に「聴くこと」において、共同存在がかたちづくられる。「相互に聴くことに、随行、同行といった可能な様式があり、聴かず、逆らい、反抗し、離反するといった欠如的な様態がありえるのである[136]」。この「聴くこと」は顧慮的気遣いにおいて、自己という現存在と他者という現存在とのさまざまな連動の様態を構成する基盤を形づくるのである。

(2) 舞踏における「理解」と「語り」

舞踏という身体運動の側面から『存在と時間』における「理解」と「語り」、「聴くこと」について捉えなおしてみる。舞踏においてはイメージ、記憶像の分節化とそれによる動作という単位の分節化を連動して行うこと、と考えることができる。

まず舞踏という身体運動における「語り」は土方巽の著作『遊びのレトリック』[137]において具体的に方法論という形で示されている。方法論にあたる部分を一部抜粋し、「語り」など『存在と時間』の鍵概念と照らし合わせつつ検討を試みる。

怪奇な形の無制限な自由に耽けろうとして……舞踏は迷いそのものをポジションとして組み立てる建築に向かう。[138]

舞踏における分節化は迷いそのものを配置として組み立てることであり、明確な輪郭をもって分節化されるものではなく、イメージをもって分節化される。それらイメージにより「怪奇な形の無制限な自由に耽ろう」とする。それらイメージに基づき動作という単位を分節化し、その持続から身体運動における「語り」が動作という単位からなる「建築」として構成される。同書の内容を『存在と時間』の「語り」との関わりを手掛かりに検討してみる。肝要なのは「無制限な自由」とそのための「イメージ」の拡張を土方は目指し、それによる身体運動の拡張を目指したことである。

上述の「奇異な形の無制限な」動作の単位を分節化しようとするならば、身体の各部分といった素材ではなく、動作の選択可能性のうちに自らを位置づけ、その都度の動作の単位とその輪郭を起ち上げる（組織化する）必要がある。そこで重要なのは「迷い」であり、この「迷い」が必然性を持つ企投を可能にする。

迷いは、そのときすでに、可愛い誤魔化しに止まっていないで、身体の中に落ちて動き出している。つまり

宇宙の迷走にあやかっているのである。(139)

「可愛い誤魔化し」とは恣意的に舞うことと解することができ、恣意性に「止まる」ことなく「迷い」という配置は「身体の中に落ちて動き出している」、つまり細工を思案することなく、そのときすでに分節化という活動は身体内部で動き始めており、その都度の必然的な分節化の結果として身体からその都度動作が自ずと産まれ、自己存在の在り様としてありのまま現出すると解することができる。その時舞う者は自己という現存在に向かい合っている。その向かい合いにおいて「迷い」の状態は次の動きの選択肢を恣意的に準備しえていない状態であり、他者を前にして切迫、窮迫した状態にある。この時点で自己という存在は本来的存在様態へと自ずと移行しており、本来的存在様態においてイメージを産み出し、それに基づく必然的な動作を産み出すのである。

脆さは適合性の妖精である。脆さの精素を用いて遊ぶ舞踏には、人間であることを忘れるという刺激が、人間以下のものに好意を寄せる状態を導き出してくる。(140)

「脆さ」は上述の「迷い」における自己という存在の切迫、窮迫した状態であり、言い換えれば、恣意的な制限を捨て「自由」を確保しつつ、置かれた状況に最も適合しうる動作の単位を選択しうる豊かさを可能とする。その豊かさ「を用いて遊ぶ舞踏」はその「自由」を活用し、自分自身が「人間であることを忘れるという刺激」を到来させ、「人間以下のもの」つまり恣意的な制限を持たない動物、植物や物に「好意を寄せる状態を導き出してくる」、つまりイメージの分節化の可能性に気づかせるのである。

舞踏する器は、舞踏を招き入れる器でもある。どちらにせよ、その器は絶えずからっぽの状態を保持してなければならない。過渡の充足、突然の闖入は当然霊の通過現象を起こす。このことによって器は溢れ出し、か

らっぽになり、闖入物の小爆発によって抜け出た物の後に、続いて移体する。(141)

「舞踏する器」は「舞踏」を可能にする「器」でもある。その「器」は動物や植物、物体、抽象物などに〝なる〟（擬態する）ためのイメージや幼少期の記憶像（イメージ）が常に入って来ることができるように空の状態を保持しており、イメージや記憶像により「器」が過度に充足したり、イメージや記憶像が突然乱入して来た時には「霊の通過現象」が起きる。これにより「器」からイメージや記憶は「溢れ出し」、再び「器」は空となり、イメージや記憶像は「小爆発」という動作の産出を起こし、イメージや記憶像が抜け出た「舞踏する器」の後に、新たなイメージや記憶像が移行してくるのである。以上の土方の叙述はイメージや記憶像の分節化と動作という単位の分節化の連動の仕組みを的確に物語っている。特定のイメージあるいは記憶像が充足しその結果として動作が分節化され、その〝次の〟契機となり、新たに同様の過程が繰り返されるのである。

このような状態で励まされる空虚が、舞踏の律動なのである。舞踏は、からっぽの絶えざる入れ替えである。自・他がトランス状態に置いて保持されている。溢れ出したり抜け出ていったりする瞬間に、充足し闖入される。からっぽの運動それ自体が器の場所になる。溢れ出し抜け出ていったものに慰められている状態が、舞踏の身振りにはしばしば起こる。抜け出ていった自分は、当然、今ある自分に変容されているのだ。(142)

舞踏の遂行においては空虚の状態が開始条件となり、イメージや記憶像が出入りすることで「励まされ」動作が産み出される状態が「舞踏の律動」であると言える。「舞踏」は、触発される空の状態に〝次の〟新たなイメージと記憶像を繰り返し絶えることなく「入れ替え」、その入れ替えを瞬間に行なう。この入れ替えにより産まれる動作の産出とその繰り返しそのものが「器の場所」となる。そして直前まで「器」に充足していたイメージ、記憶像に「慰められる」状態が「舞踏の身振りにはしばしば起こる」のである。直前のイメージと記憶像が入れ替えられた自己は既に今在る自己に変容している。動作へと擬態した過去のイメージと記憶像に自己は「慰められる」のである。

欺され易い注意力は、偶然を見送ったり、捕えたりもする。身体の運びを拘束しそうな連続性を、絶えず中断されている状態のままに放置すれば、それ自体すでに動いている動きの主体に変貌するはずである[143]。〝なる〟（擬態）ために必要な「注意力」は「偶然」の出来事を感じ取っては選択し、無視したり取り入れたりする。習慣化しそうな身体の動きの繰り返しを「絶えず中断」されている状態のままにしていれば、その状態そのものが「動きの主体」つまり動物や植物、物体、抽象物などに〝なる〟（擬態）はずである。

これは激しい動きの貌や入りくんだ判断を含んでいるに違いない。その判断は、ほとんど見送られる役割をふり当てられた動きに結びついている。欺され易い注意力の秘密は、自分自身にとりついた状態の際の支配力の原理を垣間みせてくれる[144]。

この選択において自己は自らが「動きの主体」である動物や植物などであると欺される注意力を発揮し、それに擬態するという動作を「絶えず中断しつつ」繰り返すことのうちに、「動きの主体」になってしまう。この過程において「動きの主体」は「激しい動き」の複雑な「判断」を行っていると推測でき、その「判断」は〝はぐれた〟役割を無目的な動きへと結びつけられている。動物や植物、物体、抽象物などに〝なる〟（擬態）ために必要な「注意力の秘密」は、自分自身になにかが〝なった〟（擬態）際の統御のメカニズムを「垣間見せてくれる」のである。

> 　この憑きものの状態を抽出して動機のある動きに対立させることは、むしろ遅れてやってきた残存する動きの組合せから、活動の側面を拾う羽目にもなる。動機さえも奪われた表現と化すことを承認する舞踏はこの承認が、現実の事物の補足ではなく、操縦の働きを万象の上にかぶせてしまう体験そのものである。この現象は爪先で踊られるものもあれば踵で踊られるものもある[145]。

動物や植物、物体、抽象物に〝なった〟（擬態した）状態を、目的を持つ恣意的な動作に「対立させる」ことは、手前の動作の「組み合わせ」から、次の動作を産む手掛かりを得る役割を担う。無目的である〝なる〟（メタモルフォーゼ）という表現を「承認」する舞踏はこの「承認」が「現実の事物の補足ではなく」万象に〝なり〟統御する「体験そのもの」であり、「指先」や「踵」等で踊られる。

　舞踏という表現活動のみならず日常生活の動きも舞踏となることがある。例えば歩くという動作の場合、歩くという分節化は持続しつつも、右記方法論が自ずと生じ、万象に表象しつつ歩くという動作自体の様相が異なるものとなる。歩くという動作の持続のうちに動物や植物、物体、抽象物などに〝なる〟というイメージ、記憶像が現れ、その持続のうちに〝次の〟新たなイメージ、記憶像が現れる。その遂行の最中においては非本来的存在様態から本来的存在様態への移行がすでに完了している。両者とも〝歩く〟と呼ばれる動作であっても日常生活のうちに馴染んだ「道具としての動作」、特定地点への移動という目的とその手段は喪失しており、動作を産む者に生じるイメージや気分が開示され、新たな動きとして表現されてしまうのである。以上の移行は舞う者が決意性を自ずと持つことにより可能となる。右記の移行の契機として決意性が生じているのである。日常の生活においても、つまり舞台以外の場所においても自己という存在が決意性を持つことにより、日常生活の動きが舞踏の動きとなるのである。つまり決意性を持つことそのものが舞踏を遂行する契機となり、自己のイメージ、記憶像を投入する「器」として開示するのである。

(3) 即興ダンスにおける「理解」と「語り」

次に「理解」と「語り」、「聴くこと」について即興ダンスという身体運動によって捉えなおしてみる。即興ダンスの遂行時、動作は自ずと産出されてしまっている。即興ダンスにおいては動作を恣意的に選択することはなく、他者の動作、周辺環境に連動する形でおのずと委ねているという意味で、被投的に身体運動を遂行している。それではいかに選択可能性のうちに一つの選択肢を被投的に選択しているのか、他者という現存在と連動するかたちで被投的に選択された動作がなぜ他者と連動しているのか、さらに自己はそれらの動作を選んでしまっているのか、そのメカニズムを明らかにする必要がある。以上の問いは即興ダンスの実践を通して本来的存在様態および非本来的存在様態いずれにおいても取り出すことができることは了解しているが、『存在と時間』においては非本来的存在様態における上記メカニズムの解明に始終している。即興ダンスは本来的存在様態において遂行されることから、同様態における上記メカニズムの解明が必要である。つぎに頽落的な日常世界のうちに、非本来的存在様態においては、いわゆる「空談」[146]のように身体運動も遂行されるが、本来的存在様態である即興ダンスにおいても「語り」と同様のものが成立し、選択肢の内実も非本来的存在様態におけるものとは性格が異なるものになると筆者は考える。そして即興ダンスの達人といわれる舞踏家は「理解」、「語り」、「聴くこと」において、動物性、植物性、物質性、気体性などを自己という存在可能性の選択肢として選び、動物、植物、物質、気体「として」[147]被投的にあらかじめにという形で動作を産出していた。以上のことから、本来的存在様態における「理解」、「語り」つまり存在可能性の理解、分節化、選択の仕方のメカニズムを明らかにする必要がある。また、「共同相互存在」における「承諾や拒絶、要求や警告」、「随行、同行、逆らい、犯行、離反」は即興ダンスにおけるデュオやトリオにおける連動において、つまり他者という現存在との連動において頻繁になされる。その意味で上述の非本来的存在様態における「理解」、「語り」は即興ダンスという本来的存在様態における顧慮的気遣いの持続においても、状況に応じて適宜挿入され、他者という現存在との連動の成立と持続に役立てられている。以上のことから本来的存在様態における自己と他者の「共同相互存在」の在り様、本来的存在様態における「共同相互存在」と非本来的存在様態における「共同相互存在」の接続のメカニズムついても解明する必要がある。

b.『哲学への寄与』

『哲学への寄与』において「理解」と「語り」はどのように扱われているのか。

まず「理解」は「企投としての理解」として規定されねばならない。つまり「理解はひとつの開き明けることであり、また、その内ではじめて理解する者が自己としての自己自身に到る開けへと自らを投げ出し、置き入れる、ということである[148]」。つまりこの「企投としての理解は開け（真理）の内に到ることである[149]」。その開けは「開き明けられた存在者のただ中に既に見出され[150]」、その「開け」は存在の真理を基づけ、企投する者の「持ち堪え抜きながらの内的緊迫性の遂行にして且つその引き受け[151]」、「その内で、自らを閉鎖するものが、担いつつ―拘束するものとして自らを開き明ける[152]」ことである。そして自らを「開き明けられた存在者のただ中に……根を張りつつひとつの世界へと聳え立つ[153]」つまり「閉鎖[154]」していた自己の存在を「開き」、その「開き」のうちにしっかりと据え付けるのである。この過程そのものが「理解」に当たる。そして自ら到達した「とっくに無底的になってしまった……なお存続してゆくもの[155]」である開かれ、つまり被投的企投によって露わになった深遠な開かれの持続は日常的な存在者が「突発的出現への用意[156]」において、「存在の真理の可能な振幅領域[157]」の度合い、「開け」に向けて振幅を遂行する度合いをいかに設定するかによって決定される。筆者はこの「開け」に向けた企投の振幅とその度合いが「響き」として規定され、『存在と時間』における「語り」と内容は大きく異なりながらも類似した位置づけを持つと考える。

「響き」であるところの日常的な存在者における「開け」に向けた企投の振幅とその「方向と幅[158]」は「恣意[159]」ではなく「ある最高の必然性……したがってある窮迫に服する形で[160]」、「存在の歴史の覆蔵性[161]」つまり存在の本質の充実の度合いに従って「窮迫からの響きから窮迫の無さとして立ち上がってくる[162]」。つまり「存在に立ち去られてあることの中から、響きは鳴り響き、存在の忘却の展開の中で、別の原初が響き、かくして存在が響く[163]」。そして「生成の転回の裂き開く働きを持った〈真中〉へと跳躍[164]」する。その結果「窮迫の無さ[165]」という存在そのものに聴き従った形で「存在が響く」ようになるのである。

次に『存在への寄与』における「理解」と「語り」つまり「響き」について即興ダンスという身体運動によって捉えなおしてみる。前項で取り上げたように『存在と時間』においても自らを企投し自らを「開く」ことは舞踏、即興ダンスの基本的態度であった。『存在への寄与』では、それらに「内的緊迫性の遂行」という概念が加わり、「内的緊迫性の遂行」とその「受け入れ」による「開けのうちに至る」過程そのものを「理解」とする。それは舞踏、即興ダンス双方の開始条件として求められる他者への「開き」への移行と重ね合わせて考えることができる。

土方巽とともに舞踏を創設した大野一雄の舞踏は基本的に即興であり、その舞踏は全き状態で「明け開けている」。大野一雄は日常生活の行いを大切にし、そこでの動きが舞踏という身体運動に自ずと表現されてしまっていることの重要性を説いた。それは子息である大野慶人にも受け継がれている。大野慶人は自ら主宰するワークショップにおいて「人間は一人ひとりが芸術作品である」と毎回参加者に説明する。我々一人ひとりは「生きる」こと、「生活する」こと、物、他者、環境と関わりつつ感覚、感情、イメージを自分自身の内に、さらに肉体そのものにいわば「受け入れる」。その営みを記憶として蓄積し、「自分自身の生きてきた歴史」を作り、自らの肉体を作りあげていく。この過程こそ「存在の歴史の覆蔵性[166]」つまり存在の本質の充実の度合いを向上する過程であり、それゆえ我々一人ひとりはすでに「芸術作品」として成り立っているのである。言い換えれば、一人ひとりに上記の営みが「芸術作品」としてそのまま露わになっているのである。これは日常生活の営みという「窮迫」において「命を大切にする」、「丁寧に生きる」という形で育まれ、その結果としての生活への熟練から「窮迫の無さ」にいたり到達した「窮迫の無さ」という存在そのものに聴き従った形で舞踏という身体運動において「存在が響く」ようになるのである。したがって、大野一雄、大野慶人は日常生活の身体運動から舞踏、即興ダンスの身体運動へと途切れることなく移行する。両者にとって「明け開けている」状態が常態であったと舞台、屋外、稽古場[167]で感じ取った在り様から推測する。『哲学への寄与』における「理解」、「響き」にふくまれる企投、開かれ、内的緊迫性、必然性、振幅という概念は即興ダンスの十全な遂行に必須のものであり、とくに内的緊迫性の含有する内容は第四章において述べる身体運動のメカニズムのうちに展開されることが望ましい。

即興ダンスの遂行において、自己を「開き明ける」ことを求められる一方で、自己を「開き明ける」ことは難しい。単に動作を持続すれば「開け」てくるものではなく、複数の即興ダンス遂行の内に他者との連動を経験し、自らを他者へと開くことの感触を得て、その感触を基に自らの動作の産出と持続を自ずと調整することができるようになって初めて、動作そのものが「ある最高の必然性」を持ちつつ「窮迫からの響きから窮迫の無さとして立ち上がってくる」のである。ハイデガーの『哲学への寄与』風に言えば、その過程は存在の生成であり、存在者である自らの内に存在の本質を歴史という年齢とともに覆蔵していかなくてはならない。存在の本質を覆蔵していく歴史において自己という存在者は、閉じつつ開かれるという状態が持続する。そして「窮迫」がなくなるにつれ、言い換えれば存在の本質が十分覆蔵されていくにしたがい、開かれは拡大される。それにより内的緊迫性の遂行する機能、つまり選択肢の幅の度合い、つまり「強さ」、被投性の度合い、つまり「決断性」、「開かれ」を遂行し持続する力の度合い、つまり「柔和」、無尽蔵性つまり「単純性」、これらを十全に自ずと調整するという形で発揮されるようになる。以上の過程は段階的に達成されるものではなく、即興ダンスのその都度の遂行においてその程度は異なる。

第2節　他者関係における存在論的性格

第1項　「窮迫からの響き」と他者との連動

本項では他者との関わりについて『存在と時間』において提示されている概念を基に、概念と実践の両面から検討する。なお『存在への寄与』については他者について主題的に扱われた部分が見られないため、これまで検討してきた各概念を基に実践の面から検討を試みた。

a．『存在と時間』

ハイデガーによると、現存在は「他者たちの現存在をじぶんの世界のうちで出会わせる」[168]。つまり自己という現存在の開示する世界内存在において「他者たちの存在が、共同存在に対してその世界を通して開けわたされ」[169]、「そのつど固有な現存在が規定された在り方」[170]において自己という現存在と他者という現存在は出会われる。そして「他者は……さしあたりは、顧慮的に気遣う配慮的気遣いによって開示されている」[171]。他者との関わりにおいて現存在は、他者への配慮的気遣いと他者への顧慮的気遣いをともに持ちつつ、まず「周囲世界的な道具連関のうちで……出会われる」[172]。他者は手元にある道具のその適所性のうちでその道具の指示により規定され、その世界の内で共に出会われ、存在する。同様に「利用される原料」はその有用性のうちで、利用する者、供給した者である他者として規定され、その世界の内で共に出会われ、存在する。他者は世界を自己と共に分かち合いつつ、自己と同等に存在者に「目くばりしながら配慮的に気遣う世界内存在[173]」であり、「他者たちが世界内部的に自体的に存在するとは、共に現に存在することなのである[174]」。他方、他者は現存在であるがゆえに自己は他者を顧慮的に気遣う。他者への顧慮的気遣いは、「たがいに協力し、反目しあい、また互いにそしらぬ顔をしあったり、すれちがったり、こころに懸けあわなかったりする[175]」といった「可能な様式[176]」を持ちつつ「そのつど固有な現存在が規定された在り方[177]」のうちに「自分を露わにしたり、自分のうちに閉じこもる[178]」のである。以上の様態は「日常的で平均的な相互存在[179]」におけるものであり、「固有の現存在の自己と他者の自己はいまだ見出されてはいない。あるいは失われている[180]」。日常生活において「ひとは非自立性と非本来性という様式において存在している[181]」が、現存在は他者と「共に現にそこに存在している[182]」ものであるとともに、「〈そのつど私のものであること〉が属しており、このことが本来性と非本来性を可能とする条件となっている[183]」。そのうえで他者への顧慮的気遣いについてハイデガーは以下のように取り扱う。他者への顧慮的気遣いにおける「本来的な気遣い[184]」として「他者の実存[185]」には「両極的な可能性[186]」がある。ひとつは自己という現存在が「他者から「気遣い」をいわば取りさり、配慮的気遣いについてその他者の代わりとなって、その他者に替わって飛び込む……配慮的に気遣うべきことを他者のために引き受け……他者はその場合自分の位置から投げ出され、後ろに退がり、その結果として、配慮的に気づかれたものを、仕上げられて手の届くようなものとなったものとして、あとから受けとる[187]」という他者の配慮的気遣いの代行をする顧慮的気遣いであり、いわば他者を道具として扱い、自己という現存在がもっぱら気遣いを行う。他方は「その他者の実存的な存在可能について当人に先立って飛び、他者から「気遣い」を取りさるのではなく、気遣いを本来的にそのものとして他者に与えかえすような顧慮的な気遣い[188]」という他者と相互に与え合う顧慮的気遣いであり、自己、他者とともに現存在として顧慮的気遣いにおいて関わり合う。さらに後者において、他者という現存在との出会われという切迫した状態のなかに自己を投企する決意をした自己という現存在は「他者たちの「良心」となることがありうる」[189]。つまりこの自己という現存在は他者という現存在に自己と本来的に関わる契機としての「良心の呼び声」を与え、それにより「決意性の本来的な自己存在から本来的な共同相互性がはじめて生じる」[190]のである。

即興ダンスという身体運動における他者との連動の観点から、以上のハイデガーの記述を捉えなおしてみる。自己という現存在と他者という現存在は、その都度固有の「共同世界」あるいは「共同相互存在」を形づくるかたちで出会われる。即興ダンスにおいても同様に他者との関わりにおいて、配慮的気遣い、顧慮的気遣いのいずれであっても、その都度のかたちで連動したり連動しなかったりする。それは二人で踊るデュオであっても、三人で踊るトリオ、さらに十数人で踊る場合であっても現存在の間に連動が生じる。即興ダンスにおける他者との関わりにおいて、自己、他者ともに配慮的な気遣いをする場合、特定の「道具連関」[191]において役立ちあいつつ連動する。ただし自己と他者が連動していると他者から見える出来事のうちには、一見連動しているように見えても連動しない擬似的なものも見受けられる。また他者との本来的な連動を成立させる以前に配慮的気遣いから顧慮的配慮へ移行する場合、そのためには、他者という現存在との連動可能性の開示とそれに向けた自己という現存在の投企の試行と他者の現存在への「良心の呼び声」が必要となる。そして自己、他者ともに顧慮的な気遣いをする場合、顧慮的気遣いに基づく自己、他者の連動を成立、持続するためには、両者が「良心の呼び声」を与え続けなければならない。この「良心の呼び声」は自己と他者が連動するために他者の現存在を受けとめるという責任に基づくものであり、相互が責任を持つことで、本来的存在様態における顧慮的気遣いに基づく相互の連動が成立し持続する。この「良心の呼び声」に基づく「ただ決意そのもの」[192]が自己、他者が本来的存在様態における顧慮的気遣いを可能にし、顧慮的気遣いに基づく自己と他者相互の連動可能性、動作産出可能性への気遣い、手かがりへの気づきを可能にし、両者の本来的な連動を成立させるのである。即興ダンスという身体運動においては上述の様相をともないつつ「決意性の本来的な自己存在から本来的な共同相互性が初めて生じる」[193]のである。本書では上述の連動のメカニズム、顧慮的気遣いと配慮的気遣い相互の移行のメカニズム、本来的存在様態と非本来的存在様態相互の移行のメカニズムを即興ダンスという身体運動のうちに明らかにし、自己と他者の連動とその様相の移行の多様さを第5章において明らかにする。

b.『哲学への寄与』

『哲学への寄与』において他者との関わりは主題のひとつとして書かれてはいない。

ここではまず即興ダンスにおける他者との身体運動における連動に主眼を置き、同書における「開け」、「内的緊迫性」、「気分」、「理解」、「響き」の概念を用いて即興ダンスにおける他者との関係を整理し直してみる。他者と即興ダンスを遂行する場合、両者ともに内的緊迫性を活用する。両者は「強さ」、「決断性」、「柔和」、「単純性」それぞれにおいて度合いが異なっている。その度合いは両者それぞれの存在がいかなる性格においてどの程度開けているかを示している。両者のそれら度合いの違いにより両者の間に隙間が生じる。その隙間を活用できるか否かによって、両者の間に連動、いわば共振が生じるか否かが決定する。そしてこのことは、自己は他者の存在をどれだけ受け入れているか、そして他者は自己という存在をどれだけ受け入れているか、という度合いを露わとし、その度合いは直接、自己の動作の選択に反映され、他者と連動する動作の選択肢の幅も以上の各度合いにより規定されることとなる。両者のこの隙間を補いうる連動の仕方が両者の身体運動の間に生まれることによって、両者の連動は円滑なものとなり、両者間の連動の持続により、両者の存在の歴史も積み重ねられることとなる。この経過において両者それぞれの「慎ましさ」、「驚愕」、「物怖じ」の度合いは異なり、その度合いにより両者それぞれの身体運動が持続するか、両者が連動するか否かが規定されることとなる。

次に両者の身体運動における連動ではなく両者の存在における連動を考える時、連動は自らの存在と他者の存在が「響いている」ことを意味する。他者と響き合うことを求めて自らの存在は響くのではない。両者の存在の間に共振という関係が恣意的にではなく自ずと生じるである。恣意性を持たないことにより踊る者は開けるのであるから、他者の存在に連動しようとする恣意性を捨てる必要がある。お互いがそうすることによってはじめて、自己という存在者は開いた存在という、原初的思索を行うことができる。そこから存在という地平において他者と共振することが可能になるのである。

第3節　存在論的検討からモデル構成への引き継ぎ

第1項　即興ダンスの存在論的意義

第一に、即興ダンスをハイデガー哲学に基づき存在論的に検討した結果から、即興ダンスという身体運動の意義を次のように取り出すことができる。すでに述べたように即興ダンスは本来的存在様態において自己という現存在を切迫した状態に置くなかで、緊張の強度を極力をおさえつつ身体運動を産出する。そのことの意義は、自己という現存在とそれが産出する身体運動に本来的に関わること、出会われる他者という現存在とそれが産出する身体運動に本来的に関わること、双方を経験することができることである。非本来的存在様態における身体運動の産出のように、日常生活に没頭し、日常的に通用している動作通りに、あいまいさの許容される中で、「地盤を失って浮遊する様態[194]」を持って動作を産出するのではなく、本来的存在様態においては、自己そして他者という現存在の関わりにおいて、その存在可能性において現存在そのものを気づかせ、それにより必然性を持つ身体運動を産出することが可能となる。この経験は自らの身体運動を豊かにする気づきを生む。その気づきは身体運動産出のための選択可能性の拡大、身体運動に関わる強度の調整能力、自己の存在する位置の選択可能性、他者との連動可能性などのその時々の状態への適応力の向上という身体運動における自己治癒にむすびつく効果へと自ずと接続される。

第二に、身体運動は情態性のうちに遂行される。気分にその都度開示された世界内存在のうちで身体運動を産出する。情態性において、不安、恐れ、という非存在の可能性による気分づけが行われていた場合、即興ダンスによる安心、生命感という存在の可能性による気分づけが身体運動による緊張の強度の軽減や積極性の向上を通して、不安や恐れ、切迫感、緊張感、緊迫感を背景に、安心、生命感を前景に押し出すことにより、自己がその情態性そのもの、緊張の強度が軽減した感触を感じ取り学習することにより、存在論的な意味で身体運動をすることへの積極的な態度が生じる可能性がある。安心、生命感といった情態性をともなう存在可能性が前面に出ることにより動作の選択可能性は自ずと拡大し、その拡大により自己の〝できる〟ことへの気づきを増すことができる。情態性はこのようなかたちで〝できる〟ことと常に連動している。その連動を他者との「共同相互存在」[195]へと展開し、他者と連動する可能性を拡大し、他者へ開き、連動することをより可能にし、その要領の学習を進めることが可能となる。

第三の意義は次の通りである。即興ダンスの動作産出には必然性が求められる。自己の動作が必然的な様相を持つ時には、他者の動作と連動し、物理的環境に適応した状態にある。その必然性をともなう動作は本来的存在様態における顧慮的気遣いの「理解」、「語り」において可能となり、その産出過程を身につけることにより他者との連動がより可能となり、その結果、表象的なイメージを伴う場合であってもそれを活用しつつ、必然性を持つ即興ダンスを成立させることができる。即興ダンスの成立時には自己の存在そのものが明け開かれ、自己という存在自身のうちに存在そのものが位置するがゆえに必然性を確保することとなる。

第四の意義は、自己という現存在が他者という現存在に関わる決意をもつことができることである[196]。他者という現存在との出会われとその連動に責任を持つ覚悟をもつことが必要であること、自己が他者の「良心の呼び声」となりうることに気づき、それらを基に身体運動を産出することができるようになることにより、自己という現存在、他者という現存在双方において本来的存在様態における顧慮的気遣いを可能にし、自己と他者相互の連動可能性、他者と連動するための気遣い、手掛かりへの気づきを可能にし、両者の連動を可能にするのである。ただし、他者と連動することを恣意的に意識することはかえって他者との連動を不可能とすることも心掛ける必要がある。

第2項　動作産出モデル構成への存在論的引き継ぎ

前項の意義も踏まえ、動作産出モデルを構成するために必要であり、引き継ぎ込めるべき内容は、『存在と時間』においては存在様態、情態性／気分、理解、語り、他者存在に関わる、次に挙げる要件である。

①非本来的存在様態から本来的存在様態へのみならず、本来的存在様態から非本来的存在様態へ移行する、「様態的な無差別」の存在様態も含めた過程をモデル構成の前提条件とする。
②配慮的気遣いから顧慮的気遣いのみならず、顧慮的気遣いから配慮的気遣いへ移行する過程をモデル構成の前提条件とする。
③存在可能性に基づく情態性の前景化、非存在の可能性に基づく情態性の前景化、両者を可能にするメカニズムをモデル構成に取り込む。
④非本来的存在様態における「理解」、「語り」のみならず、本来的存在様態における「理解」、表象イメージを伴う「語り」をモデル構成に取り込む。
⑤本来的存在様態における自己と他者の連動の仕方をモデル構成に取り込む。

⑥自己と他者の連動持続のための、「様態的な無差別」の存在様態も含めた、非本来的存在様態と本来的存在様態の相互移行、および配慮的気遣いと顧慮的気遣いの相互移行をモデル構成の前提条件とする。

さらに『哲学への寄与』における存在様態、情態性／気分、理解、語り、他者存在に関わる要件は次の通りである。

①日常的な生活における「第一の原初」から存在の生成における「別の原初」への移行、および「別の原初」から「第一の原初」へ移行する過程をシステム構成の前提条件とする。
②「存在の開かれ」とその度合をモデル構成に取り込む。
③「存在の開かれ」という経験の感じ取りにおける感触をモデル構成に取り込む。
④「強さ」、「決断性」、「柔和」、「単純性」それぞれの肌理や度合いの調整内容をモデル構成に取り込む。
⑤「存在の響き」における自他それぞれの連動を前提条件にモデルを構成する。
⑥自己の「世界」への開かれの度合いと、他者、物などへの適応力の関係をモデル構成に取り込む。
⑦自他それぞれの「存在の開かれ」の度合いによる相互の連動の仕方をモデル構成に取り込む。

以上の要件を考慮し、第４章における動作産出モデル構成を行う。

第2章

メルロ＝ポンティの身体運動論による即興ダンスの検討

メルロ＝ポンティは現象学の立場から身体運動を扱い探究した。前章においてハイデガーの存在論に基づき即興ダンスを検討したが、それら検討における鍵概念であった「企投」、「世界内存在」といった諸概念を基に、メルロ＝ポンティは前期の『知覚の現象学』から後期の『絡み合い―交叉配列』にかけて、眼差しの運動や接触運動などを中心とした身体運動論を展開した。本章ではメルロ＝ポンティの展開した存在論的、実存論的な身体運動論を考察し、メルロ＝ポンティにより明かされた身体運動論の特徴を明らかにし、それらを基に即興ダンスの意義と同身体運動論の課題を挙げ、それらのうちに本書における身体運動論の方向性を示す。

まずメルロ＝ポンティの前期著作『知覚の現象学』に基づき、メルロ＝ポンティの考える「運動」の構造（第1節第1項）を、その次に「身体図式」という概念に基づく「運動」の現出の仕方（第1節第2項）を検討し、それを基に日常的動作産出と創造的動作産出の関わり（第1節第3項）、「時間性・空間性」と「身体空間」の関係（第1節第4項）を浮き彫りにする。以上の検討を基にメルロ＝ポンティの後期著作『絡み合い―交叉配列』に基づき、まず眼差しの運動、接触運動における「肉」の概念（第2節第1項）について検討し、それら検討内容を基に他者との「絡み合い」の内実（第2節第2項）を考察する。

第1節　「地と図の構造」に基づく動作産出

第1項　「地と図の構造」と動作調整

メルロ＝ポンティは身体運動の究明において、眼差しの運動、手による接触の運動を分析したうえで身体運動の産出過程について言及する。まず眼差しの運動についてメルロ＝ポンティは次のように説明する。眼差しは「対象へと近接するある種の仕方[197]」であり不可逆的かつ直接的な性格を持つ。眼差しの仕方には二通りあり、一方は「その対象を視野の周縁に保って、いつでもそれを凝視しうる状態に待機させておく[198]」仕方であり、他方は「その対象を凝視する[199]」仕方である。凝視とは対象化の運動であり、「対象の一つが現れるためには他の諸対象は身を隠さなければならない[200]」。つまり一つの対象は諸対象の上に「地を中断[201]」することなく前景化し、自己はその対象の周縁に凝視の眼差しを閉じる。前景化と背景化という形で「対象の内部で……眼差しを働かせ続け[202]」、眼差しの対象を「さまざまな角度から統覚[203]」すると同時に、その対象への無限の眼差しの可能性を捉え、その対象以外の一切の諸対象の「未決定の視像、なんだかわからぬものの視像[204]」として在る諸対象が対象となりうる可能性を「地平[205]」として捉え続けるのである。以上のようにメルロ＝ポンティは眼差しの運動を地という地平から対象という図が浮かび上がる、つまり前景化するという過程において捉えた。一方接触の運動は「外面的対象をその場所で開示しにゆく運動[206]」であるとメルロ＝ポンティは規定した。たとえば事物とそれに触れている右手に左手がふれる時、右手の触れられた場所は「外面的対象」としての図となり、右手は左手に触れられた場所という図に「中断」されることのない地となる。身体は「見たり触れたりするものであるそのかぎり[207]」において、つまり図となる可能性において、対象という図ではなく「触れられも見られもしない[208]」地のようなものである。眼差しの運動、接触運動により接触される身体は「真の諸対象の相対的な永続性にたいして、地の役をするような絶対的な永続性[209]」を持つ。そして図と地という構造を生じさせる身体は「いつも暗々裡に想定されている第三の項[210]」として位置づけられる。メルロ＝ポンティは身体がこの地において図を生じさせる過程を、「外面的対象」を開示する運動として捉えた。そして以上の眼差しの運動と手による接触の運動を「一つの世界に、ぞ、く、し、て、い、る、[211]」「世界内存在の運動[212]」として特徴づけた。世界内存在は状況に意味を与える可能性を持つ反射、および指向性を存在者全体に向けつつ対象化する、カテゴリー化以前の状態にある、つまり「諸刺戟や感性的諸内容の手まえのところにある……一種の内的隔膜のようなもの[213]」、「世界内でわれわれの反射や知覚が指向しうるであろうもの、われわれの諸作業の可能性の地帯[214]」なのである。

世界内存在において「〈視覚内容〉と〈触覚運動〉、感受性と運動性とが、ただ不可分の契機としてのみあらわれ[215]」、「一つの〈世界〉の相互感覚的統一へと向けてゆくことによってそれらを結合する[216]」ことにより身体運動が産まれる。そして「一切の運動が背景〔地〕をもち、背景は「単一の全体性のなかの諸契機[217]」であり、「運動に内在し、たえず運動を生気づけ、支えてゆく[218]」。メルロ＝ポンティはさらに身体運動を産む大まかなメカニズムとして、運動そのものであるところの「第三者的過程〔延長物 res extensa〕としての運動[219]」と運動イメージと考えることができる「運動の表象としての思惟[220]」の間に、予期と考えることができる「運動能力としての身体自身によって保証された一つの結果の予料または把握[221]」、運動の諸可能性のうちにひとつの運動を投げ込む「ひとつの〈運動投企〉Bewegungsentwurf[222]」、ひとつの運動を産出する以前に統一する「ひとつの〈運動指向性〉intentionalité motrice[223]」を設定した。つまり運動を予期し運動の可能性のうちに一つにまとまった運動イメージを用い、「与えられた世界とその時々の〈投企〉にしたがって組織[224]」する形で、身体運動を産出するのである。

次項では「身体」における諸部分相互の関係、「身体」における運動感覚と内部感覚、さらにそれらの視覚化についてメルロ＝ポンティの提示した「身体図式」という概念を基にまとめと検討を行う。

第2項　「身体図式」における動作の「包み込み」

『知覚の現象学』においてメルロ＝ポンティは「身体図式 schéma corporel」[225]を「私は私の身体を、分割のきかぬ一つの所有のなかで保持[226]」し「全部包み込んでいる[227]」、「相互感覚的統一における私の姿勢についての包括的な意識、ゲシュタルト的意味における一つの〈形態〉[228]」、「私の身体が現勢的または可能的なある任務に向かってとる姿勢として私にあらわれ[229]」、身体「諸部分を、有機体の計画にたいするそれらの価値の比率にしたがって積極的に己れのなかに統合[230]」し、「私の身体が世界内存在である〔世界に属する〕ことを表現するための一つの仕方[231]」であると定義した。さらに「未分化の地のうえに特権的な図形が浮かんで来ることができるのも、私の身体がその任務によって分極化されているからであり、それがその任務の方に向って実存しているからであり、それが自分の目的に到達するために自分自身を収縮させている[232]」ことにより「未分化の地のうえに特権的な図形が浮かんで来る」ことが可能となる、とメルロ＝ポンティは規定する。そして「身体図式」という概念により「身体の諸部分は……お互いに他者のなかに包みこまれて存在している[233]」のであり、「私がテーブルに向かって腰かけ、電話の方に手をのばそうとする時、対象への手の運動、体幹の立て直し、足の筋肉の収縮は、たがいに包み合っている。……われわれの視覚経験と触覚経験との連結は……私において一挙におこなわれてしまう[234]」。それにより「その身体をつうじて諸物をめざすこと、何の表象もともなわずにその身体に働きかけてくる諸物の促しにたいして、身体をして応答させること[235]」ができる。「われわれが自分の身体をある対象に向かって運動させることができるためには、あらかじめその対象が身体にとって存在しているのでなくてはならない[236]」。よって、「われわれの身体」はそれ自体において存在するのではなく、既に存在している「空間や時間に住み込むのである[237]」。

メルロ＝ポンティが自らの身体を記述によって説明した部分[238]をもう少し詳しく検討してみよう。対象へ向けて手を動かした時にはすでにその手の動きは体幹の動きに支えられ「立て直」されている、言い換えると体幹の動きにより手を動きの円滑な運びを可能としているのであり、体幹を動かす時にはすでに「足の動き（筋肉の収縮）」に支えられ「立て直」されている。特定の目的達成のために身体各部位は相互に連動しあい、同様に視覚経験も触覚経験も「一挙に」連動するのである。つまり足を動かす（筋肉が収縮する）時にはすでに対象に向けた手の動きを支えている。上述のように〝支えることで可能性を与える〟あるいは〝支えられることで可能性を得る〟という形態で身体各部分とその運動が「互いに包み合う」ことにより身体全体の一つの「任務に向」かうひとまとまりの、つまり自己の身体を綜合する運動が地から図を形成する形で現れる。身体諸部分の運動同士の「包み合い」は他の身体諸部分の運動の開始条件となるとともに、それぞれの身体諸部分相互において〝動かす・動かされる〟という両義性を持ちつつ、ひとまとまりの関係のなかで、身体部分それぞれの動きが相互に各身体部分それぞれの動きを産出する契機となりつつ、身体と運動は連動するとメルロ＝ポンティは述べていると筆者は考える。

第3項　習慣的身体と創造的身体

即興ダンスで産まれる動作は、歩く、掴む、触れる等具体的運動であって、指示、命令により遂行する抽象的運動ではない。具体的運動は社会生活、日常生活の中で習慣という形でパターンを形成しつつ学習されるものである。メルロ＝ポンティによると習慣とは、いかなる客観化にも先立って、私たちに「付着したもの」として私たちが備えている実存の次元をなすものとされるが、即興ダンスでは即興の場においてその「付着したもの」を社会生活や日常生活を通じて個々人に浸透している制度化された文脈から引き剥がし、自らをさらすことで制度から身体運動を自由にする。それはハイデガーの規定した日常生活という非本来的存在様態ではなく、即興ダンスを遂行する本来的存在様態において具体的運動を習慣から切り離し、創発的に露わにすることと形を同じくするものである。その結果そこに現れるのは社会生活、日常生活の中で豊かに培われた素朴な行為、具体的運動そのものであり、歩く時の動作そのもの、姿勢、背中の表情、料理を作る時の動作そのものや肌理細かさ、リズムであり、雑巾を絞ったり、物を運んだり、という日常生活で培われた動作の断片である。さらにそれら動作に混じり、日常生活の中で記憶にない新鮮な動作が産まれることもある。それらも含め即興の場に現れるさまざまな動作を恣意性も持たず切迫のうちに接木のようにつないでゆき、ひとまとまりの作品とするのである。その都度接木するごとに「身体図式」は不可逆的に、自発的に再編されていく。「習慣的身体」からパターン化された動作を解き、動作の選択肢からなる「織物」を再編しつつ、これまで気づかなかった動作の選択肢を発見し学習を重ね、動作の選択可能性を拡大するのである。そこに現れるものは一人ひとりの生活であり、生そのものである。それは自由であるとともに自らの動作を見つけ、繰り返しになるが自分なりに接木をしつつ一つの作品を作り上げる行為である。動作はその都度立ち上がり、身体図式を新たに形成する。そして具体的動作と地続きのうちに即興の場でさまざまな動作を発見、学習することで動作の選択可能性が拡大し再編された「身体図式」は再び日常生活、社会生活へと戻っていくのである。

第４項　〝いま・ここ〟と身体運動

本項では「身体図式」、そして「運動の予期」、「運動投企」、「運動指向性」という動作の現れ出る過程により現れ出る「身体空間」をメルロ＝ポンティはどのようなものとして考えていたのか検討する。それにより「身体空間」の具体的な内実を明確にするとともに、「時間性・空間性」と「身体空間」の関係を浮き彫りにすることが可能となる。

メルロ＝ポンティは前期の著作『知覚の現象学』において、身体の「空間性」について次のように規定する。

私の身体のもつ空間性は、外面的諸対象のもつ空間性や〈空間的諸感覚〉のもつ空間性と同じような、一つの位置の空間性 spatialité de position ではなくて、一つの状況の空間性 spatialité de situation なのである。(239)

たとえば、私が机の前に立ったままで居て、両手でもってそれにのしかかっているという場合、私の手だけが強調されていて、私の身体全体はまるで彗星の尾のように手の背後へと流れて行っている。(240)

もし身体空間と外面的空間とは一つの実践的体系を形成しており、そのうち前者はわれわれの行動の目的として対象がその上に浮き出して来ることのできるための地、もしくはそれがその前に現出して来ることのできるための空虚だとするならば、あきらかに行動のなかでこそ身体の空間性は完成される。(241)

メルロ＝ポンティは上記のように「私の身体のもつ空間性」は外側から見られ位置付けられたものではなく、「私の身体」という「地」の内側から何らかの対象が「図」として外面的空間へと現出することにより生じるものと捉えている。メルロ＝ポンティの挙げた例によると「両手」が「図」すなわち「私の身体」であり、そこに「図」としての「私の身体の全体(242)」が「地」であるところの外面的空間へと浮き出して来る。そしてその身体空間は「私の両手の位置のなかに包まれてしか存在しない(243)」のである。言い換えれば「私の身体のもつ空間性」は「図と地の構造」においては「図」という形で初めて存在するのである。「両手(244)」のなかに「私の身体の全体」が「彗星の尾のように(245)」現れるとき、それが「私の身体」のもつ唯一の「空間性」なのである。この感じ取られた部分が「私の身体のもつ空間性」でありその周辺が「外面的空間」にあたり、両者において「対象と周縁」、「内部地平―外部地平(246)」の構造が成り立っている。「私の存在」は机にのしかかるという目的に向かって「私の身体のもつ空間性」を「対象」あるいは「内部地平」として収縮させる、つまり焦点化することによって「私の身体が世界内存在である〔世界に属する〕ことを表現する」[247]のである。

「世界内存在」のうちに存在する「私の身体のもつ空間性」はその存在の仕方自身を「表現する」。身体運動を起源として「私の身体のもつ空間性」が形成される状況は身体運動による境界づけられた領域の形成として考えることができる。メルロ＝ポンティは身体運動と空間性の関係について次のように述べる。

運動の各瞬間にあって、先行瞬間はすっかり忘失されてしまうのではなく、かえって現在のなかにいわば嵌め込まれているのであり、現在の知覚とは、要するに、互いに含み合う一連の過去の諸位置を、現在の位置に支えられて再把握するところに成立するものである。けれどもすぐつづいておこる未来の位置もまた現在のなかに含みこまれているのであり、またそれをつうじて、ついには運動の終局にまで至る一切の位置もまたそのなかに含み込まれているのである。運動の各瞬間はその運動の全拡がりを包摂しており、とりわけ運動開始という最初の瞬間は、ここかしこ、今と未来との連結の端緒をなし、その他の諸瞬間はけっきょくそれを展開するにとどまるだろう。[248]

身体は、必然に〈ここに〉在ると同時に、また必然に〈いま〉存在する。[249]

私の身体に適用された〈ここ〉という言葉は、他のさまざまな位置との関係で決定された一つの位置なぞではなくて、……第一次的な座標の位置の布置、ある対象への活動的な身体の投錨、自己の任務に直面した身体の状況なのである。身体空間が外面的空間と識別でき、自分の諸部分を展開するのではなく包み込むことができると言うのも……明確な存在や図形や点をその前に現出させうるための非＝存在の地帯だからである。[250]

つまり身体運動の開始は瞬間であり、その「瞬間」において過去の〈ここ〉という位置を把持するとともに未来の〈ここ〉という位置を予持する。そして〈ここ〉と〈いま〉を「包み込み」、〈いま〉のうちに未来と過去を「包み込む」その「瞬間」つまり「非＝存在の地帯」において、身体運動を産み出すための位置の予期・調整やイメージの産出を遂行し、身体運動を産出する、つまり自らの存在を投企するのである。

「瞬間」における身体運動の産出に関わる位置の予期・調整やイメージの産出は身体運動を産出するための過程であり、その瞬間、つまり〈いま〉の状況として意識によって捉えることはできない。それらは常に動作が産出された後、想起する形で意識することが可能となる。つまり身体運動の産出をその輪郭において意識する以前に、位置の予期・調整やイメージの産出、身体運動の産出、つまり投企はすでに遂行してしまっているのである。よって身体運動を産み出すメカニズムを構成する上で、「瞬間」という時間性ではなく身体内部における「運動」が生じる以前の過程の検討が意義を持つこととなる。

第2節　「肉（運動可能性・潜在性）」における他者関係

メルロ＝ポンティは『知覚の現象学』において、自己の身体と他者の身体の関わりについて次のように述べる。

もし他者の身体が私にとって一個の対象ではなく、私の身体もまた他者にとっての一個の対象ではなく、両者が行動なのだとしたら、他者の措定によって私が彼の領野内の対象に追い込まれてしまうこともなければ、他者についての私の知覚によって他者が私の領野内の対象の地位に追い込まれてしまうこともない。[251]

メルロ＝ポンティは身体を対象ではなく「行動」という現象として捉えた。自己と他者は「行動」において関係を持つ。そしてこの関係は自己と他者の間をつなぐ「行動」の潜在的可能性という織物を規定する基本的な視座となる。自己と他者は「行動」において「私の身体の諸部分が相寄って一つの系をなしているように、他者の身体と私の身体もただ一つの全体をなし、ただ一つの現象の表裏となる[252]」。そして「他者と私とのあいだに共通の地盤が構成され[253]」、両者の「行動」が「ただ一つの同じ織物を織りあげ[254]」つつ、相互に他者の「行動」を引出し、「共同作業のうちに組み込まれてゆくのである[255]」。その意味で両者は「完全な相互性のうちにある協力者[256]」であり、「同じ一つの世界を通して共存しているのである[257]」。以上の内容は即興ダンスという身体運動におけるデュオやトリオにも適応可能な考え方であるが、自己と他者をつなぐ「織物」はどのような形態を持つのかについて検討を要する。というのは動作の産出において自己、他者両者間における連動可能性を選ぶ形で個々の動作をいかに選択してつないでいるのかについて考察しなければならないからである。

そして他者の動作は他者にとって「生きられた状況であるが、私（自己）にとっては、附帯的に現前化された状況[258]」なのであり、「一つの相互世界に生き、そこでは私（自己）は私（自己）自身に対するのと同じだけの場所を他者にあたえようと決意したにしても、しかしこの相互世界もやはり私（自己）の投企なのである[259]」。よって自己の投企と他者の投企がいかに噛み合い、つながるのかについて明らかにすることは「相互世界」における自己と他者の関係をさらに明確にする。本書における即興ダンスでの自己と他者の連動のモデル化を可能にするためにも、上述の「織物」さらに「肉」という潜在的可能性、両概念を基に自己の投企と他者の投企の関係を本章では検討する。

後期に書かれた『絡み合い―交叉配列』では初期の『知覚の現象学』において使用した〝地と図の構造〟を基に、可能性、鏡像関係、他者との身体性などの概念を取り込み、自他の関わりを「肉」の概念として展開した。本項では「肉」の概念をまず検討し、同概念と「眼差し」、「接触」、「身体」、「絡み合い」という概念との関係の内実を示す。

第1項　「肉／織物」における他者との連動

メルロ＝ポンティの提示した「肉 la chair」[260]という概念は、肉体や物といった「物質」[261]、さらに「事実ないし事実の総和」[262]ではなく、「どこといつの開始、事実の可能性の要請」[263]、つまり「事実性であって、そのことが事実をして事実たらしめ……さまざまな事実が意味をもち、細々とした断片的事実が「何ものか」の周りに配置されるというふうにする」[264]ところのものである。

メルロ＝ポンティは「肉」のもつ「事実の可能性の要請」、「事実」の「意味」の所有、「断片的事実」の「配置」という三つの特性を基に「眼差し」の遂行、「接触」という身体運動のメカニズムを組み立てた。

「眼差し」における「肉」についてメルロ＝ポンティは「赤」という色つまり質への「眼差し」の遂行を次のように説明する。「私の眼下のこの赤」[265]が「短時間のものにせよ焦点合わせを要求」[266]することにより、「私の眼差しがそれを固定させる以前にはそこに取りこまれ浸りこんでいた、もっと漠然としたもっと一般的な赤さから〔「私の眼下のこの赤」が〕浮かび出てくる」[267]。「この赤」による焦点化への「要求」に基づき「私の眼差し」を「固定」することにより、潜在していた「一般的な赤さ」という可能性のうちに「この赤」という固有性を持つ一つの質が、他の「赤」との「支配」[268]、「引きつけ」[269]、「反発」[270]、他の色との結び付きといった関係の中で、「織物状ないし金属状の、あるいは多孔性の〔?〕組成」[271]により限定されることにより、「同時性と継起の網のある結節点」[272]として現れ出るのである。つまり「色と言われるものと見えるものと言われるものとの間には、それらを裏打ちし、支え、養っている生地が見出され……その生地自身は、物ではなく、可能性、潜在性であり物の肉」[273]なのである。そして「眼差し」と「物」の間にある「厚み」のある「肉」を結び付け、「物にとってはその可視性を、そして見る者にとってはその身体性を構成」[274]することとなる。その「厚み」のある「肉」とは、「見る者と物との間の……交流手段」[275]であり、「私が自分を世界たらしめ〔つまり固体化〕、物を「肉」〔つまり潜在的な可能性〕たらしめることによって、物の中心に入っていく[276]」のである。

メルロ＝ポンティは接触における「肉」について「私の手[277]」を例に次のように説明する。接触における「事実の可能性[278]」は、「私の運動と私が触れるものとの間」における「触れうる世界への加入・開在性[279]」であり、「私の手」は「内側から感じられるものであると同時に、外から近づきうるもの……触れられうる存在に開かれている[280]」ものである。そして「滑らかなあるいはざらざらした感触、物の感触――身体とその空間に起こる受動的な感じ――、そして最後に、私の右手が物に触れようとしている私の左手に触れる時の、触覚についての真の触覚[281]」が「事実」の「意味」として現出し、「私の右手」が「私の左手」に触れる時の「感触についての真の触覚」を通じて「触れる主体」が「触れられる物」の地位に移り、「私の左手」が触れているところの「物の間に降りてくる」という接触の感触という「事実」の配置における移行により、「触覚」は「私」という「世界のただなかで、言わば物のなかで起こるようになるのである[282]」。つまり「右手」の触覚により「左手」を「物」たらしめ、「物を肉［つまり可能態］たらしめることによって……物の中心に入っていく[283]」のである。

右記「眼差し」の遂行における「肉」の概念は、他者、物など環境の持つ「可能性・潜在性」を視覚運動、接触運動という限定された静的場面に適用しているが、それらを他者との身体運動という持続を伴う動的場面に展開した場合、そこからいかなる利点、問題点が見出されるだろうか。

身体運動の最中において、「見える物」は「輪郭」により縁取られているのみではなく、言い換えれば「輪郭」を焦点化しているのみではなく、「質 qualité」と「組成」が「露わとなった景色」を見ているのであり、そこには他者が予測不可能な動きをするといった「見える物」が顕在化される以前の「起動されていない可能性・潜在性」が浮かび上がっている。メルロ＝ポンティは「見える物」について、予定調和に基づく、静かに存在しつつ深い探究の奥行きを持つことを前提としているが、身体運動の最中において「見える物」、特に「次の動作」は予測不可能であるがゆえに予定調和に基づくことは難しく、瞬時に起動可能な「探究の奥行き」を持つことを前提としなければならない。そして「運動」において、注意はそこに生じる他者、物など環境の動きや変化から「可能性・潜在性」を起動する手掛かりを得ることに始終向いている。よって身体運動にとって必要な「眼差し」の遂行とは、「質」と「組成」により「露わとなった景色」を感じ取ることであるとともに、「予期」の手掛かりとなる「可能性・潜在性」を見つけ出すことである。そして身体運動を行う者は、「ひとつ前の動作」を次の動作を産出するための試行として扱いつつ、「試行における景色」と「ここ」という瞬間に「露わとなった景色」を比較するなかから予期、手掛かりとなる「可能性・潜在性」を導き出さなければならない。以上のことから、動的場面に「肉」、「織物」の構造、過程を展開するには身体運動にとって必要な「眼差し」の遂行を組み込んだ「肉」の概念とそれに関わる構造、過程の組み直しを取り込んだ新たなメカニズムの組み立てが必要となる。

そして接触における「肉」の概念、つまり接触可能性、反転可能性には「互いに裏打ちし合う三つの経験」、つまり、①滑らかなあるいは粗い感触そのもの、②物の感触——身体とその空間に起こる受動的な感じ、③物に触れようとしている自分の左手に右手が触れる時の感触がある。③については、自分の左手が「触れる者」であったが右手に「接触」されることで、それまで「触れる者」であったものが「触れられる者」となり、右手が「触れる者」ものへと変換する。①~③はいずれも接触可能性に基づき、②、③は接触可能性に反転可能性が加わる、とメルロ＝ポンティは分析した。

触れる者の「運動」により生じる「接触」による探りは、「内部地平」と呼ばれる感触という「質」、「外部地平」と呼ばれる何らかの「触れられる物」、双方を「触れうる世界への加入・開在性」、つまり接触可能性、反転可能性、すなわち「肉」の以上三つの系を結び付けることにより成立する。つまり、触れる者は、様々な強さ、速度、方向を持つ「運動」による触診を通じて、「外部地平」の一つである「触れられる物」の接触可能性、反転可能性を開き、場所を占めることによって「内部地平」における滑らかさや粗さといった感触のうち一つの「質」を感じ取る。「眼差し」の遂行は眼を閉じている以外は常に機能しているが、「接触」は「触れる者」の身体部位を「触れられる物」に配置し、程よい圧力をかけつつ、その圧力を生じさせるための身体内部の運動に関わる調整を行うことによって、「質」がはじめて生じる。また、「触れられる物」である他者から押してくる力を受け止め、バランスをとりつつ接触している場合、反転可能性という説明だけでは十分ではなく、他の身体内部における力の入れ具合や方向、姿勢の維持などの運動に関わる調整が必要となる。このように「眼差し」の遂行と「接触」の遂行とではその内実が異なることから、身体運動の遂行過程に両者の遂行過程を加える形で構造化する必要がある。

メルロ＝ポンティによる「眼差し」の遂行を除く身体運動の構造は、おもに「接触」という身体運動を基にしており、接触可能性、反転可能性という「接触」の構造分析に留まっている。身体運動にとって重要なのは身体運動を持続する〝ひとまとまりのもの〟として捉え、〝前の〟動作から手掛かりを得、〝次の〟動作をいかに予期し、「肉」における選択肢やその質とその強度、肌理を選択、調整し、いかに〝次の〟動作を産み出すかということである。「接触」の場合、「感触」という「質」の変化から、次にいかなる動作の選択肢を選択しうるのか、たとえば「触れられる物」あるいは「触れられる人」から、手を離すのか、手を押しつけるのか、手で撫でるのか、さらに「触れられる物」あるいは「触れられる人」の状況、置かれた環境に合わせつつ、〝次の〟動作への予期を踏まえ、上記各動作の強さ、速度、方向の変化、身体全体の姿勢をいかに調整するのか、等が肝要となる。よって、同概念とそれに関る構造を「接触」以外の身体運動への適応を前提とし、身体運動に必要な予期、制御を取り込んだ、そして「眼差し」や体性感覚の感じ取りと連動させた組み直し、または新たなメカニズムの組み立てが望まれる。

第2項　「肌理と組成」による運動調整

後期の『眼と精神』において自己の位置のあらゆる移動は次のように規定されている。「私の位置の移動はすべて、原則として私の視野の一角に何らかの形で現れ、「見えるもの」の地図に描き込まれ[284]」、そして「「私がなしうる」（je peux）ことの地図の上に定位される[285]」。つまり自己の位置移動は「眼差し」における「肉」という可能性、潜在性の「織物」のうちに順次「描き込まれ」つつ、自己の遂行可能性のうちに位置づけられる。このように位置移動は「見える世界と私の運動的企投の世界[286]」が「二つの地図[287]」として表裏一体をなしつつ「それぞれに同一の存在（Être）の全体を覆っている[288]」のである。そして「眼差し」において「「見る者」（le voyant）も、それ自体「眼差し」に見える「身体」によって「見えるもの」（le visible）のうちに浸かり入っている……見る者はただその眼差しによって物に近づき、世界に身を開くのである[289]」のである。筆者の即興ダンスの実践も踏まえ考えると、身体運動にとって視野は前提条件であると同時に開始条件となり、視野の状況とその変化に相即しつつ身体運動を産出するのである。その意味で「眼差し」そのものも身体運動の遂行者であり、物といった環境に「眼差し」が入りうる可能性のうちに「眼差し」を踏み入れ、自己の「身体[290]」はその可能性のうちに「「自分」を動かす（*se mouvoir*）のであり、私の運動も「自分」を繰り拡げる（*se déployer*）」、つまり「世界の織目[291]」という可能性のうちに「世界に身を開く」のであり、「世界」に自己の身体を踏み入れ、かつ「自己の身体」は「世界」に取り込まれるのである。

即興ダンスの遂行をこの一連の過程から捉えなおすと、「世界」への開かれの度合い、その度合いにおける可能性の幅が重要な点として浮かび上がる。それぞれ踊る者によって「世界」への開かれの度合いは異なり、動作を遂行する可能性の幅も異なる。即興ダンスの遂行における効果について考えるとき、「世界」への開かれの度合いを拡げ、身体運動における選択肢を増やし、それにより他者、物理的環境への適応力が増すことが重要になることから、開かれの度合いとそれによる動作の選択可能性を拡大するそのメカニズムと実践への適応の仕方を検討する必要がある。

さらにメルロ＝ポンティは物と身体の関係について、「世界の織目」において私の身体に集められるところの「物はいわば身体そのものの付属品か延長であって……身体の一部をなしている。……世界は、ほかならぬ身体という生地で仕立てられている[292]」と述べ、「世界の織目」において物と身体はそれらの可能性において区別のないひとつながりのものとして物と身体を包み込む。そして物と身体の可能性における「物のただなかにおいて……ある「見えるもの」が「見ること」を始め、自分にとって「見えるもの」となるのであり、また物のただなかにあるからこそ、接触において「感じられるもの」と「感じるもの[293]」となる。つまり眼差しによる感じ取りも接触による感じ取りも「世界の織目」という可能性のうちに生じ「見るものと見えるもの、触れるものと触れられるものとが互いに鏡のように映し合う[294]」のであり、それは鏡像関係という「絡み合い」、一種の運動であり、メルロ＝ポンティの考える「見えるものの見る身体への、触れられるものの触れる身体への巻きつき[295]」なのである。以上のことを即興ダンスの実践から捉えると、たしかに物と身体の在り様は可能性のうちにあり、自らの視野の可能性、触覚の可能性、そして前述の位置運動の可能性において物、環境と適応すべく身体は「絡み合い」という鏡像関係において動作を産出する。さらに求められるのは、この動作産出の過程が「世界の織目」にいかに描き込まれ、自己がいかに「世界に身を開く」ことにより他者と関わるのかということである。

第3節　身体運動論的検討からモデル構成への引継ぎ

第1項　即興ダンスの身体運動論的意義

メルロ＝ポンティは『知覚の現象学』において図と地、前景化と背景化という機構を使い身体運動を検討した。

メルロ＝ポンティは身体運動に関わる状況を因果的思考によって捉えることは不可能であり、「己の対象を生まれ出ずるままの状態で、それを当時とりまいていた意味の雰囲気もろともに、それを生きる主体にそれがあらわれるままの姿で捉えるような思考[296]」が必要であるとした。そこで身体運動を部分―全体関係ではなく包摂関係において「身体図式」を用いいつつ、包み合うひとまとまりのものとして捉えた。

さらに身体運動産出に関わるものとして「運動投企」、「運動指向性」等を捉えたが、これら概念は動作産出およびその持続のモデル化においてさらなる展開可能性を秘めている。

そして「具体的運動」と「抽象運動」による運動を区別することで、即興ダンスはハイデガーのいう本来的存在様態における「具体的運動」であるという性格付けを行うことができた。

『絡み合い―交差配列』においては「肉」、「織物」の概念を提供し、自己―他者関係に新たな地平を開いた。メルロ＝ポンティによると「物と私の身体は同じ生地で仕立てられているのだから、身体の視覚機能はとにかく物のあいだで起こるに違いないし、また物のもつ顕然たる可能性は、身体のなかで秘かな可視性のなかで裏打ちされている[297]」。それは視覚のみならず触覚という機能についても同様であり、可視性、可感性という「肉」により、また存在そのものである「肉」により世界と私の身体は、互いに浸食し、「越境と跨ぎ越し関係にある[298]」自己の身体は「肉」、「織物」、表地という現実、裏地という可能性を持つことにより、すべての存在者との間を連動する可能性を確保した。言い換えれば、世界が可能性の内に自己の身体を構成するのである。自己の運動は自らの身体で、他者の運動は他者の身体で起こるが、両者がその可動性のうちにおいて結び付き、相互に開示し運動が起こることにより、自己の運動、他者の運動が両者の連動可能性のうちに開示され、そこに連動が生じるのである。

以上のことを基に「肉」、「織物」における動作の選択肢のうちに自己を投げ込み、「肉」、「織物」において動作が現れ出るという図式に加え、「肉」、「織物」のうちに動作がどのように産まれ、自己の動作と他者の動作の連動がどのように産まれるのか、その過程をメカニズムとして明らかにしなくてはならない。本書では身体運動の外部を対象にしたメルロ＝ポンティの理論を手掛かりにしながら、身体内部つまり動作の産出過程を扱い、身体運動が成功すべく動作の選択肢を拡大するメカニズムの仮説を組み立てる。その過程をメカニズムとして明らかにすることにより、本書の手順（手順２、３）である動作産出／連動システムを起ち上げる土台となり、それにより初めて実際に身体運動による自己治癒の効果が現れている状況を明確化することが可能となる。

第２項　動作産出モデル構成への身体運動論的引き継ぎ

前項の意義も踏まえ、動作産出モデルを構成するために必要であり、引き継ぐべき内容は、『知覚の現象学』においては身体図式、具体的運動／抽象的運動、身体運動、注意、感覚、眼差しに関わる、次に挙げる要件である。

①部分―全体関係ではないモデルを構成する。
②「身体図式」というイメージと動作産出の関係を明確化しモデル構成に取り込む。
③動作産出過程として示された「運動投企」、「運動指向性」等の概念をモデルへ展開する。
④注意、感覚、眼差しに関わる検討内容をモデル構成に取り込む。

さらに『絡み合い―交差配列』における、「肉」、「織物」に関わる以下に挙げる要件を引き継ぐ。

⑤「地と図」の構造、その延長上にある「肉」、「織物」という概念における、物の可能性、潜在性を取り出し、両者上に身体運動産出というプロセスの視点を加えモデル構成に取り込む。
⑥身体運動における内部感覚について、メルロ＝ポンティは「器官の詰まった闇[299]」つまり視覚が届かないも

のとして十分扱っていない。運動感覚や内部感覚を眼差しの運動、触覚運動と同様に活用しモデル構成に取り込む。

⑦「肉」、「織物」という可能性の領野において、自己と他者の関わりは静的である。身体運動において自己の投企と他者の投企がいかに噛み合い、運動するのかといった、自己の身体運動と他者の身体運動の動的関わりを見出すことができることから、「肉」、「織物」という概念を基に、動的性格を持つ自己と他者の運動のモデル構成に取り込む。

⑧具体的運動と抽象的運動の違いをモデル構成の前提条件の一つとする。

以上の要件を考慮し、第4章における動作産出モデルを構成する。

第3章　オートポイエーシス論による即興ダンスの検討

1973年神経生理学者のH・R・マトゥラーナとF・J・ヴァレラは『オートポイエーシス――生命の有機構成――』を通じオートポイエーシス論を提唱した。オートポイエーシス論は生命現象における産出のプロセス、連動のプロセスを解明しオートポイエーシス・システム、カップリング・システムとして構成したものであり、筆者は生命現象である身体運動という動作産出の基本的枠組みとして両システムが展開可能であると考えている。そこで本章では身体運動における動作産出とオートポイエーシス・システム（第1節第1項）、他者との連動とカップリング・システムの関わり（第2節第1項）を検討し、次章における動作産出システム、カップリング・システムの構成に向けた課題を抽出する。

第1節　動作の産出

第1項　産出プロセスのネットワークとしての動作産出

オートポイエーシス・システムは構成素（component）とその産出プロセスを産出するシステムである。産出プロセスの構成素とその産出プロセスの循環により閉域をつくると同時に産出物が現われる。構成素の産出プロセスが循環し持続することにより、〝その次の〟構成素とそのプロセス、〝その次の〟産出物が現われ続ける。複数の構成素とその産出プロセスが連動し産出プロセスのネットワークを構成する。同システムに外部観察者により規定された時間・空間は含まれていない。マトゥラーナとヴァレラは同システムを次の様に定義する。

オートポイエーシス・システムとは、構成素が構成素を産出するという産出（変形及び破壊）過程のネットワークとして、有機的に構成（単位体として規定）されたシステムである。このとき構成素は、次のような特徴を持つ。(i)変換と相互作用をつうじて、自己を産出するプロセス（関係）のネットワークを、絶えず再生産し実現する(ii)ネットワーク（システム）を空間的に具体的な単位体として構成し、またその空間内において構成素は、ネットワークが実現する「位相領域」を特定することによって自らが存在する。[300]

構成素とは産出プロセスにおける要素であり、動作産出の場合、動作産出に関わる様々な要素である。後述する予期や身体・運動イメージ、情態性／気分などがそれにあたり、これら構成素とそのプロセスが相互に連動する形でネットワークを形成し、ひとつの動作、例えば〝歩く〟という産出物を自己という存在が産み出す。このプロセスのネットワークを繰り返すことにより、つまり〝歩く〟という産出物の反復により〝歩行空間〟というシステムによる閉域、固有の空間、つまり「位相領域」が張り出し形成されてゆく。〝歩く〟という動作産出の反復が可能となるのは、産出物である〝ひとつ前の〟動作そのものを手掛かりとして、さらに〝ひとつ前の〟動作の産出を契機として再び新たな〝その次の〟ネットワークが産出されるからである。そして〝その次の〟ネットワークが産出されるたびに相互に連動する構成素の構成も再編される。動作産出時における環境への適応に必要な構成素は前景化し、そのほかの構成素は背景化する。環境の変化への適応のために「撹乱」と「破壊」が起こるが、「撹乱」においては構成素の再編、修正によりネットワークの反復は持続可能となり、そうでない場合は「破壊」つまりネットワークが消滅し、「位相領域」も消滅することとなる。いずれのシステムも産出プロセスにおいて〝自らの〟構成素を産出し、自身で同一性を保持しているという意味で個体性を持つことから、システムは環境の変化により様々な構成素の連動が多様に移行したとしても、その都度自立した唯一のシステムが実現すると言うことができる。注意すべきなのは、上述の「位相領域」には、「内」、「外」という区分けがないことである。同領域は構成素とそのプロセスの産出により形成され、その過程の繰り返しにより生じる閉域であり、そこに内部、外部という二項による明確な区分けは生じない。そして動作を産出するシステムにおいては周囲の他者や物理的環境が眼差しによる感じ取りや皮膚による接触という構成素を経てシステムを構成する前提条件となる。動作を産出する者は常に他者や環境を感じ取り、それを基に動作調整し、動作を産出し、「位相領域」を形成するプロセスを繰り返す。次章では以上の構造を基本的枠組みとして動作産出システムの構成を行う。

第2節　他者との連動

第1項　カップリング・システムの起ち上げ

マトゥラーナとヴァレラはカップリング・システムを次のように定義した。

二つ以上の単位体の行為において、ある単位体の行為が相互の他の単位体の行為の関数であるような領域がある場合、単位体はその領域で連結《カップリング》していると言ってよい。カップリングは、相互作用する単位体が、同一性を失うことなく、相互作用の過程でこうむる相互の変容の結果として生じる。かりに相互作用する単位体の同一性が相互作用の過程で失われるなら、その結果として新たな単位体が生まれることはあろうが、カップリングは全く生じない。しかし一般にカップリングは新たな単位体の発生をもたらし、このとき新たな単位体は、

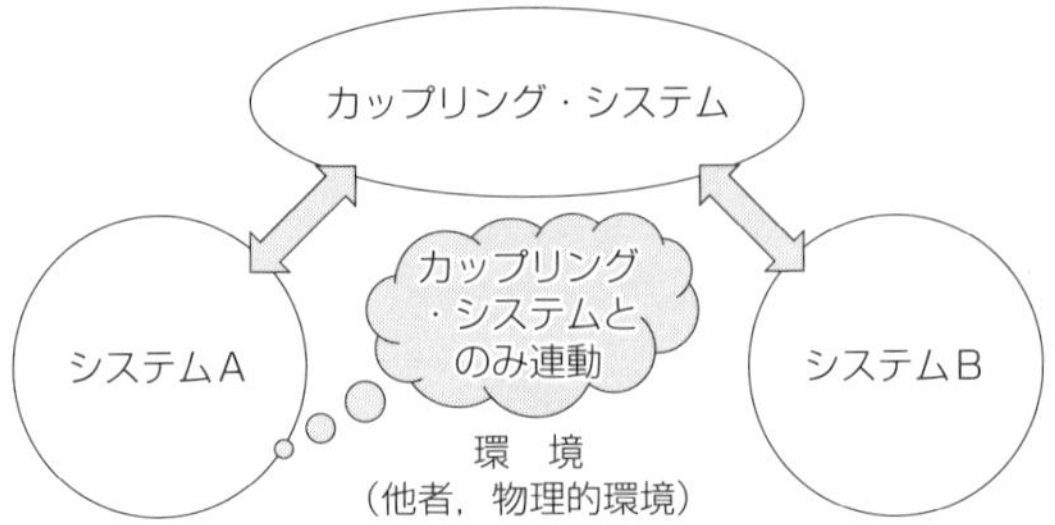

図１：カップリング・システムと他システムの関係

出典：鈴木（2020：120）.

構成素として連結した単位体が同一性を維持する領域とは異なる領域で存在するようになる。こうしたことが起こる経緯は、新たな単位体が実現される領域と同様、構成単位となる単位体の特性に依存している[301]。

つまり、カップリング・システムとは右記の「新たな単位体」にあたり「二つ以上の単位体の行為」、つまり二つ以上のオートポイエーシス・システムの行為において、一つのシステムの行為が他のシステムの行為を産出するための構成素となり、二つ以上のシステムがそういった相互作用を、同一性を失うことなく連動する時、既存のシステムとは別に新たなシステムが産まれる。この新たなシステムは特定の構成素において複数のシステムを連動つまりカップリングするシステムであり、新たな「位相領域」において存在する（図1参照）。このプロセスにおいて新たなシステム、つまりカップリング・システムはそれと連動する既存の二つ以上のシステムの特性に依存している。

カップリング・システムは既存のオートポイエーシス・システムと同様に産出システムとして「位相領域」を形成し続ける。そして同システムの同一性が維持できなくなった時点で、このカップリング・システムは消滅し、連動していた個々のオートポイエーシス・システムとの関係も消滅する。幼い頃友人と一緒にいて突然追い駆けっこが始まった場面を想像してみる。友人が走り始めたとき、その走るという動作を自己というシステムに受け入れ、両者の隔たりや速さ、声、表情などを感じ取りつつ、自らの走りを開始し、調整し、走るという動作を持続する。そこでは二人の相互作用のうちに「追う―追いかける」というカップリング・システムがすでに起ち上がっている。この追い駆けっこは他者の動きや物理的環境によって、その走り方、両者の関係が変化し、カップリング・システムの同一性が保てなくなった時、自ずと消滅する。これと同じことは本書で取り上げる即興ダンスにおいて生まれる様々な局面において生じる。そこにはデュオ、トリオ、カルテット、大勢によるカップリング・システムが起ち上がり、それらシステムの同一性が損なわれた場合は、同じ人と新たな共通の構成素を持ち合うことで新たなカップリング・システムを起ち上げる、あるいは、別の人と新たな構成素を持ち合うことによりカップリング・システムを起ち上げる。一切指示のない即興ダンスという場においてはカップリング・システムの産出と消滅がさまざまな形で繰り返されるのである。

第3節　オートポイエーシス論的検討からモデル構成への引き継ぎ

第1項　即興ダンスのオートポイエーシス論的意義

身体運動はプロセスの持続であることから、構成素の産出は、ハイデガーやメルロ＝ポンティから引き継ぐ、情態性／気分、注意、触覚による感じ取りや眼差しによる感じ取り、身体イメージの形成などのプロセスを重層的に連動する形で、身体運動の産出プロセスをシステムとしてモデル構成することができる。

第2項　動作産出モデル構成へのオートポイエーシス論的引き継ぎ

オートポイエーシス・システムにおいて、動作産出モデルを構成するために必要な要件は次の通りである。

①身体運動の産出過程と同型性をもつことから動作の産出システムの基本的枠組みとしてモデル構成に取り込む。
②ハイデガーの存在論やメルロ＝ポンティの身体運動論から引き継いだものなど性格の異なる要素を構成素として連動する形で動作の産出を接続することが可能であることからモデル構成に取り込む。
③動作の反復／持続と同型性を持つプロセスのネットワークの反復をモデル構成に取り込む。
④外部観察者の視点からは見えない、動作の反復により形成される空間をシステムの「位相領域」として規定することができるためモデル構成に取り込む。

カップリング・システムにおいて、動作の連動モデルを構成するために必要な要件は次の通りである。

⑤他者との構成素の共有により新たなカップリング・システムが起ち上がるという過程は日常生活や即興ダンスの実践と同型性を持つことから、他者との動作の連動のモデル構成に取り込む。
⑥他者との連動の持続や変化、消滅という現象をカップリング・システムの変化として表現可能であることから、モデル構成に取り込む。

第4章

即興ダンスにおける動作単位産出システム

本章では第1章、第2章、第3章から引き継いだ内容を基に動作単位産出システムを構成する。動作単位産出システムの産出プロセスとその持続の枠組みとしてオートポイエーシス・システムを使用し、そのフレーム上にハイデガーの存在論、メルロ＝ポンティの身体運動論から引き継がれた内容と、従来経験してきた即興ダンスの実践から抽出した内容を基に、動作を産出する構成素を設定し、メカニズムモデルを構成する。

第1節　動作単位産出システムのメカニズム

身体運動は動作単位(302)の産出の持続により形成される。身体運動は「ひとつの動作単位が〝次の〟動作単位を産出するという産出（変形および破壊）過程のネットワーク」であると本書では規定する。本章では、即興ダンスの実践を踏まえ、身体運動を動作単位の産出過程および持続過程のネットワークとして分析し、モデル化を行う(303)。

本節では第1項で動作の単位化、自発性について説明し、第2項で構成素の連動による動作単位産出システムの設定の調整を説明し、第3項で同モデルを構成し相互に連動する構成素を設定する。

第1項　身体運動の特徴

①単位化

身体運動は前述のように動作単位という形で現れ出る。瞬きをする、眼差しを送る、掴む、歩く等の日常的な動作や、指の微妙な上下振動、いずれも動作単位である。いずれの動作単位も、遂行の途中で停止すると動作単位にはならない。動作単位の産出プロセスは、〝ひとつ前の〟動作単位の産出プロセスを開始条件とし、新たな動作単位の産出を繰り返すと同時に、新たな輪郭の出現を繰り返す。動作単位の輪郭は動作単位の産出の結果であるがゆえに、動作の産出と期を一にしながらも自己にとっては偶然の出来事であり、動作をする者は眼差しにより輪郭の一部のみ感じ取ることが可能である。そしてこの動作単位産出の繰り返しにより、その都度「位相領域」を形成し続ける。持続した動作単位の産出の反復により個体性を確保しつつ不可逆的に「位相領域」を形成し、その持続のうちにリズムを産出する。それにより「位相領域」の強度は増す一方で動作単位の選択可能性は縮小する。即興ダンスの実践において自己は常に「位相領域」の強度、動作単位の選択可能性の幅に注意し、自己自身および他者との連動における展開可能性を確保すべく、〝その次の〟動作単位を産出する手掛かりを得て、動作単位の産出過程において調整を行う。なお自己あるいは他者が身体を動かさない状況にあっても動作単位自体の産出、動作単位の産出過程の持続は遂行されている。そこでは自己を「ひとつの位置に配置し続ける」という動作単位を反復しているのである。また次の動作単位の予期が成り立たず動作単位産出の持続が停止した場合、それまで繰り返していた自己の動作単位を手掛かりとせず、〝ひとつ前の〟動作単位とは不連続な動作単位を産出すべく一から試行しなおし、新たな動作単位の産出が持続するまで試行を繰り返す。その試行においても恣意的に動作単位を産出しようと試みるのではなく、他者、物理的環境に適合する動作単位を意識する以前に動作単位を産出するための構成素が自ずと選択されていなければならない。

②自発性

晩年のメルロ＝ポンティは1960年5月のノートに「私は私の身体の運動を私からの隔たりとして意識することはない。物は動かされるのに対して、それは sich bewegt〔自らを動かす〕のである[304]」と記している。「私の身体運動」は自発性を有しているのであり、意識する以前に自ずと産出しているのであり、意識した時にはすでに遂行している。生きるために機械と同じように動力機関のスイッチを入れる必要はない。繰り返しになるが、「身体の運動」とは動作単位の産出とその持続であり、自己は生来自ずと動作単位の産出を反復すること以外はできないという形で生きてしまっているのである。つまり動作単位の産出とその持続は生きている限り自発的かつ不可逆的であり、それゆえ「私は私の身体の運動を私からの隔たりとして意識することはない」のである。

「おのれを動かす」というメルロ＝ポンティの身体運動論はシェリングの自然哲学に相通じるところがある[305]。シェリングは『自然哲学体系の第一草案[306]』において、無限の産出活動とそれを妨げる活動の「拮抗」により有限の実在的な所産が生じ、ある拮抗状態から他の拮抗状態への移行が根源的な産出性であると規定した。無限の産出活動は生きることであり、それを妨げる「拮抗」という活動は動作単位産出の調整ととることができ、「他の拮抗への移行」そのものが動作単位自体の産出とその産出過程、およびそれらの持続であると考えることができる。身体運動つまり動作単位自体の産出とその産出過程、およびそれらの持続において、無限の産出活動に対し他者、物理的環境に適応すべく有限性を付与する注意・感じ取り・調整も根源的に産出性を持つがゆえに、身体運動は自発的、不可逆的であり、必然的なのである。

即興ダンスの実践においては身体運動の根源性が、産出した動作単位とその持続のうちに露わとなる。即興ダンスにおける動作単位の産出過程と持続に恣意性は入り込まず、他者、物理的環境に適応する注意・感じ取り・調整そのものが必然性を持つ。そこで行われるのは意識する以前の必然的な動作単位の選択である[307]。その選択は恣意的

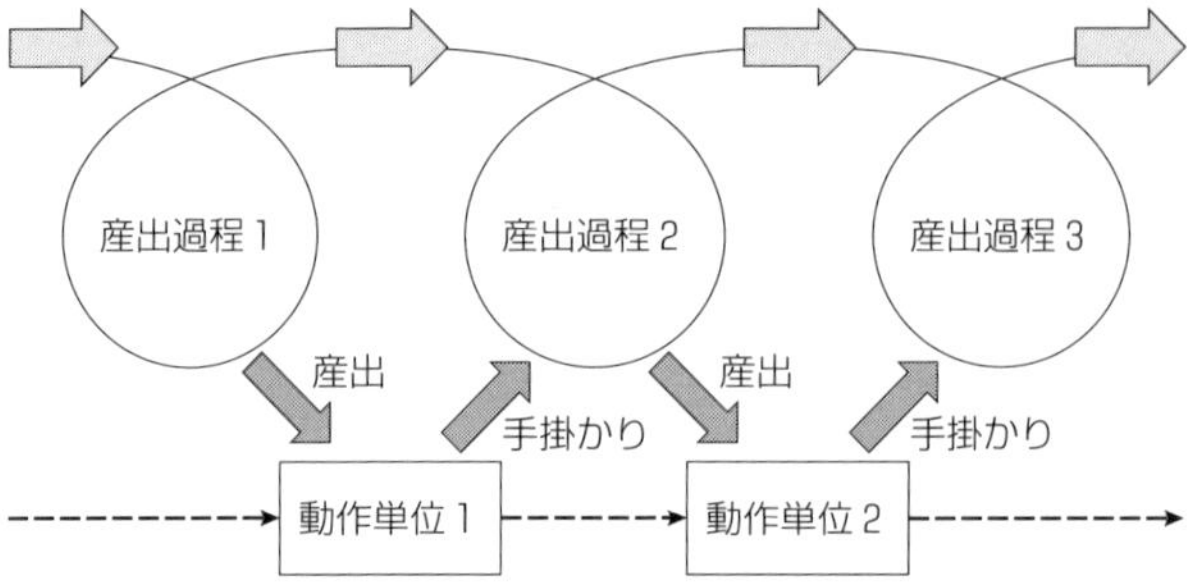

図 2 ：オートポイエーシス・システムによる動作単位産出過程

出典：鈴木（2020：116）.

なものではなく、意識する以前の必然的な選択により自ずと「私の身体は……おのれを自己へと構成する[308]」のである。

第2項　動作単位産出システムの設定

本項では、即興ダンスにおける動作単位産出システムの構成素[309]を身体運動に恒常的に関わるものと選択的に関わるものに分け、産出の仕方、産出される構成素、構成素間の関係、動作産出の持続、以上のメカニズムを明らかにし、モデルを構成する。なお第4節において、他者との間に起ち上げる連動システムをいかに起ち上げ、いかに持続し、いかに円滑に解消するか、について明らかにしモデルを構成する。

動作単位の産出過程と動作単位自体の産出はほぼ同時に遂行される[310]。動作単位を産出する者は動作単位の産出の最中、自己は物理的環境に現れ出た動作単位の輪郭とその感触を感じ取ることしかできず、動作単位の産出過程、産出自体を感じ取ることはできない。そして動作単位の産出過程は〝ひとつ前の〟産出過程において産まれた動作単位から〝次の〟動作単位の産出過程を起ち上げ、その産出過程から産まれた動作単位からさらに〝次の〟動作単位の産出過程を起ち上げるという反復の形態を持つ（図2参照）。動作単位自体を産出する前に、〝ひとつ前の〟動作単位の産出とその輪郭から感じ取った、〝次の〟動作単位産出に当たり調整を必要とする内容、それまでの動作単位の持続とその軌道から想起した内容が〃次の〃動作単位の産出過程の手掛かりとなり、開始条件となる。それら開始条件を基に、個体性を保持しつつ、他者、物理的環境に適応すべく〃次の〃動作単位の産出過程を反復する。そして、この動作単位産出の反復の持続により、物理的環境のうちに輪郭という仮象が現れる。第5章で述べるが、以上の動作単位の産出過程の反復は自己という存在の開かれにつながっている。

即興ダンスの実践に照らし合わせた時、動作単位の産出過程の反復はハイデガーが『存在への寄与』において提示した「存在の響き」として存在論的に捉えることができる。動作単位の産出過程の反復のうちに、自己の存在そのものが覆われながら開かれていく。いわば自己の存在は常に〃開かれつつある状態〃にある。その状態において自己の存在の開かれの度合いにより産出過程の反復において生じる動作単位の選択肢の幅は拡大または縮小する。開かれの度合いが強まれば、それに応じて動作単位の選択可能性は自ずと拡大する。自己の存在が完全に開かれている時、動作単位選択の可能性は十全に獲得されており、動作単位の産出の反復は他者の動作単位とその持続、物理的環境の状況の変化へ完全に即応し自ずと適応する。完全に開かれた自己は、順調に動作単位の産出、他者との連動が進んでいる、という経過を感じ取りつつも、他者の動作単位と自己の動作単位が密接に連動しているがゆえに、連動時両者を区別して感じ取ることはできず、自己の動作単位の輪郭と持続により生まれた軌道、自己の存在の開かれの状況を、事後的に自己による想起および他者による感じ取りの伝聞により事後的に捉えることができる。この自己の存在の開かれは他者を巻き込み、他者の存在と響きあい、自己の在り様を他者にそのまま感じ取らせ、他者を触発するのである。

第3項　構成素連動による動作単位産出の調整

自己は動作産出過程における構成素のネットワークにより注意、感じ取り、イメージ形成、調整を遂行し、動作単位を産出する。他者や物理的環境に適応すべく必要な構成素を選択すると同時に、選択された構成素は連動かつ前景化し、これら構成素により注意、感じ取り、イメージ形成、調整を遂行する[311]。自己はその都度他者の動作単位や物理的環境の変化に合わせ連動する構成素を変更し、各構成素および構成素間における連動の強度を調整する。構成素の選択および構成素間の連動は予め想定可能な選択肢を基に恣意的に行うのではなく、自己のひとつ前の動作単位を手掛かりとしつつ予期を頼りに自ずと遂行する。自己は産出した動作単位とその持続を運動感覚等の内部感覚、眼差し等により感じ取るが、他者はそれら動作単位を輪郭、質、肌理等により感じ取る。自己はその都度の他者の動作単位、物理的環境の変化に適応すべく、新たな性格の構成素を選択する可能性を常に保持している。自己はその都度の差し迫った状況において、それまで背景にあった構成素が前景に移り、同じく前景化した他構成素と新たに連動し構成素のネットワークをその都度新たに編成する。例えば他者との「接触」において他者の動作単位に連動しようとする場合、「接触」を開始するにあたって、自己と他者の身体の「接触面の予期」、「接触の強さ」、「接触の位置」、「自己の位置」、「接触に至るまでの身体・運動イメージ」という構成素が前景化すると同時に連動する。

さらに動作単位を産出すべく連動する構成素には「恒常的に連動する構成素」（以下、恒常的構成素と記す）つまり動作単位の産出に常に関わり続ける構成素と「選択的に連動する構成素」（以下、選択的構成素と記す）つまり物理的環境や他者に適応すべく、その都度の状況において自ずとその都度柔軟に選択され連動する構成素があり、両者いずれの構成素もそれぞれの内容に応じた機能と質とその強度を持つ。なおこれら構成素の選択、強度調整の設定は「2—3．存在論的検討からモデル制作への引継ぎ」における『哲学への寄与』の課題として取り上げた「④内的緊迫性を構成する「強さ」、「決断性」、「柔和」、「単純性」それぞれの度合いの調整内容の詳細化とそれらに基づくメカニズムの組み立て」を解決するものである。

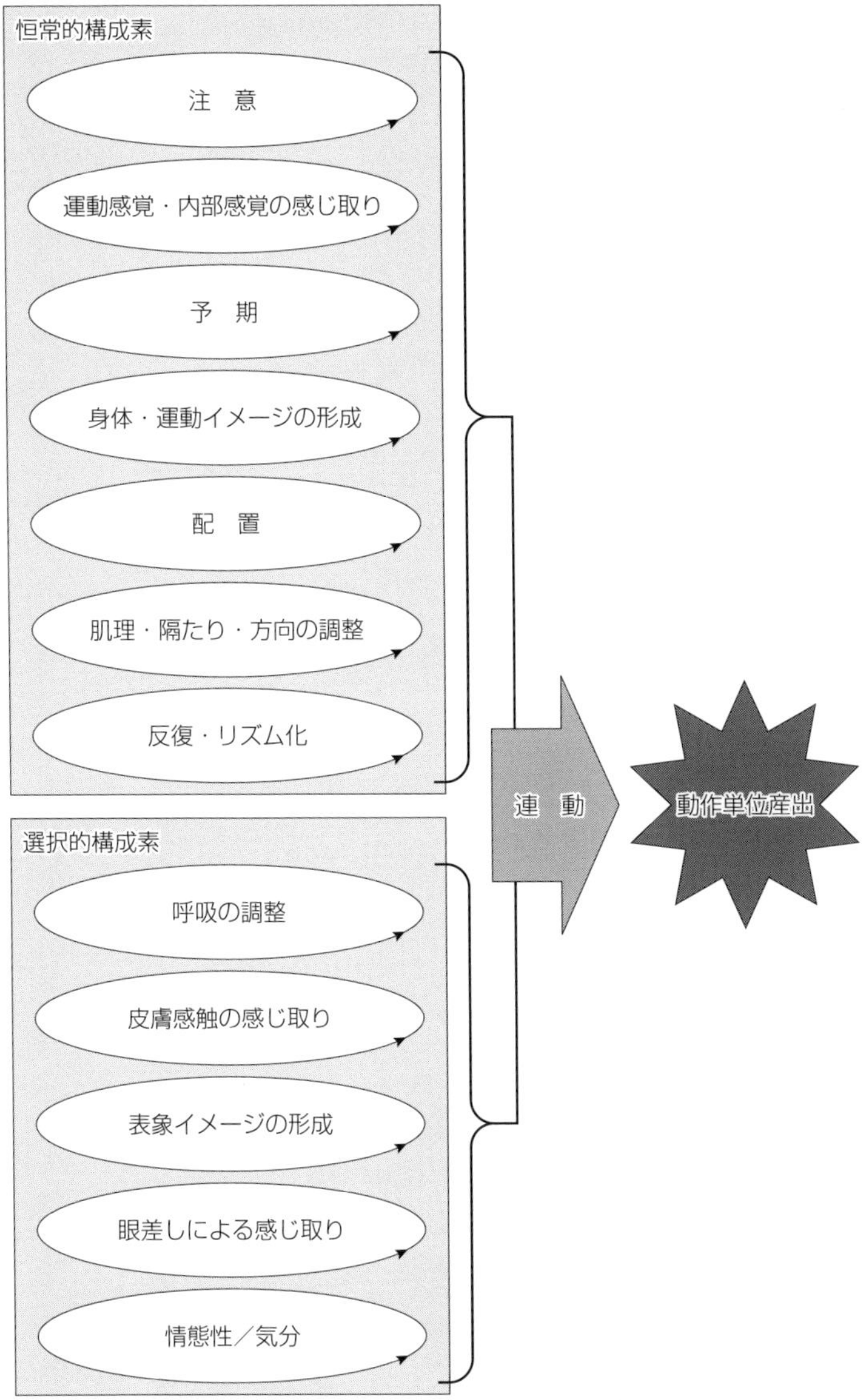

図３：恒常的構成素および選択構成素による動作単位産出

出典：筆者作成.

本書では恒常的構成素として、①注意、②運動感覚・内部感覚の感じ取り、③予期、④身体・運動イメージの形成、⑤配置、⑥肌理・隔たり・方向の調整、⑦反復・リズム化、を仮説として設定し、選択的構成素として、①呼吸の調整、②皮膚感触の感じ取り、③表象イメージの形成、④眼差しによる感じ取り、⑤情態性／気分を仮説として設定する（図3参照）。

恒常的構成素、選択的構成素両者において他者、物理的環境に適応すべく選択された構成素は動作単位の産出において前景化するが、前景化されない構成素もそれら前景化した構成素の背景において選択・再編され、なかでも恒常的構成素は、常時作動している。このように他者の動作、物理的環境の変化に対応し恒常的構成素、選択的構成素をその都度組み合わせることにより、その都度の変化に応じた動作単位の産出が可能となるのである。そして各構成素の強度の調整により身体各部位への力の入れ具合や配置、移動なのどの肌理が予期、調整され、肌理の細かい動作単位の産出が可能となる。これらの調整は動作単位の選択可能性の拡大、他者の動作、物理的環境への「適応可能性の拡大」に連動しており、動作単位産出の丁寧さ、他者、物理的環境との連動とその「持続の円滑さ」という質を動作単位の産出とその持続に持たせることとなる。

第2節　恒常的に連動する構成素の設定

本節では常に動作単位産出に関わる構成素を〝恒常的構成素〟として設定し、説明する。

第1項　注　意

注意とは、肉体の内部、他者や物理的環境との関わりにおいて生じる差異を選択することであり、それにより現実を成立させること、つまり世界を起ち上げることである。

メルロ＝ポンティはゲシュタルト心理学を基に次のように述べる。注意とは、「そのデータを図として浮かび上がらせることによって、そのなかに新しい分節化を実現することであり、今まではたんに未決定な地平のかたちでしか提供されていなかったものを顕在化し主題化するような新しい対象の積極的な構成(312)」なのである。つまり注意とは、肉体の内部、他者や物理的環境との関わりにおいて生じる差異を選択することであり、それにより現実を成立させるものである。自己はその都度の局面において生じる差異を他者や物理的環境に適応すべく選択し、その都度世界を起ち上げる。そして注意は身体運動の手掛かりを得る行為でもある。

身体運動および他者との連動において注意を向けうるものを上げると、身体運動については、運動感覚・内部感覚、肉体各部位の配置、姿勢、動作単位の肌理、環境としての他者や存在物との隔たりと方向、動作単位の反復とリズム、自己の内部における力の入力や脱力の強度、呼吸の状態、皮膚感触、および眼差しにより感じ取られたもの、他者の動作単位、他者が動作単位の持続により作り出す「位相領域」、他者の表情、他者との連動の強度、他者と連動する手掛かりとなりうるもの、他者の〝できる〟動作単位、他者の緊張の度合いなどがあり、その都度注意を向けるものを選択しつつ、注意を向けられた差異から動作単位の産出に関わる手掛かりを得る。注意を向ける部分は複数あるいは一つ選択され、状況の持続に伴い注意の焦点化の強度を調整する。その注意により得られた手掛かりを基に他者の動作、物理的環境に連動、適合することが可能となる。

注意の仕方には、遂行的注意、分散的注意、選択的注意、焦点的注意、非焦点的注意があり、状況に応じて使い分けが行われる。遂行的注意は、皮膚感触の感じ取り、運動感覚・内部感覚の差異への注意であり、それらは運動を伴うことで現れ出る。また分散的注意、選択的注意、焦点的注意は地続きの関係にある。分散的注意、選択的注意は、他者、存在者に注意を焦点化せず分散した状態で広がる差異に注意を向けつつ（分散的注意）、その過程において差異を手掛かりに特定の他者、存在物を選択し、注意を向け（選択的注意）、選択されたものに関わる差異に注意を集中する（焦点的注意）ものであり、いずれの注意においても選択されたもの以外は背景化される。

眼差しにより、輪郭、色、明るさ、位置、奥行きに注意が向けられ、皮膚感触の感じ取り、運動感覚・内部感覚により皮膚感触、圧迫感、痛み、温感、位置感、運動感、緊張感、体勢感、配置感、延長感に注意が向けられる。眼差しの感じ取りにおいて注意を向けられたものは輪郭や質の強度を持って注意のうちに現れ出るが、皮膚感触の感じ取り、運動感覚・内部感覚は身体運動を伴うことで、質の強度は明確な輪郭を持つことなく現れ出る。

眼差しにおける非焦点的注意は焦点的注意とは逆に、分散的注意における焦点化をさらに弱め、分散した差異もほぼ薄れ、他者、存在物の輪郭がおぼろげに、ほぼ地のままの状態に注意を向ける。非焦点的注意の場合、眼差しを半眼、あるいは全開とする。眼差しを半眼にした場合、視野を狭め、輪郭そのものの明確さも弱くなる一方で、運動感覚・内部感覚に注意を集中することができる。逆に眼差しを全開にした場合、分散的注意、選択的注意、焦点的注意よりも視野を広くとることができ、輪郭そのものの明確さは瞼が半眼の時よりも強く、世界を眼球に映し接触する形となり、他者や物理的環境から多くの手掛かりを得ることが可能となる。よって眼差しに映る世界に接触しつつ、運動感覚・内部感覚に注意を向けることも可能となる。

いずれの注意の仕方、眼と瞼の使い方を選択するかにより、眼差しにおける注意の在り様、運動感覚・内部感覚への注意の度合いは大きく異なることとなり、各注意における選択可能性、産出する動作単位の選択可能性も大きく異なることとなる。つまり注意の仕方により他者および存在物との関係の在り様は大きく変化するのである。

分散的注意、選択的注意、焦点的注意においては、背景化していた視野内容に適宜選択的に注意を向けることはできる一方で、広く俯瞰した視野に注意を向けることはできない。一方、非焦点的注意においては、他者や存在物の輪郭や色の強度を取り込み、俯瞰的に注意を向け続けることが可能となる。即興ダンス遂行時には、状況に応じて、遂行的注意、分散的注意、選択的注意、焦点的注意と非焦点的注意を使い分け、他者、存在物との関わり、求められる注意の強さに応じて調整する。

皮膚感触の感じ取り、運動感覚・内部感覚における注意の向け方は皮膚表面、肉体内部から、触感、圧迫感、痛み、位置感、運動感、緊張感、体勢感、存在感、配置感、延長感、触覚性力感、温感の差異を感じ取りつつ、そのいずれかの差異が注意を向けられたものとして浮き上がってくる。その浮き上がること自体が注意の焦点化にあたる。その感じ取られた内容を基に動作単位の産出を調整する。

第2項　運動感覚・内部感覚の感じ取り

運動感覚・内部感覚は、運動そのものの感触、緊張、体勢、重さ、力、位置、温度、痛み、振動、存在の感触等を肉体内部において感じ取るものである。メルロ＝ポンティは肉体内部を「内部器官の詰まった闇[313]」とし、その明晰さの不足から考察の対象として十分扱わなかった一方で、両掌を通じて机上に力が加えられつつ、その加える動作とともに生じた星の流れるような身体内部の力感の状態を身体図式の説明において使っている。本項では眼差し、皮膚感触とは異なる形で身体運動の内実を捉えるのに不可欠な要素である運動感覚・内部感覚の感じ取りについて検討する。

運動感覚の感じ取りにおいては、動作の遂行時に生じる運動感、動作単位そのものの感触、関節角度の位置、動作の方向と速度感、触覚性力感、筋肉の収縮の度合いを感じ取る。内部感覚の感じ取りにおいては、肉体の存在感、肉体各部位の他の部位との関りにおける位置とつながり、移動感、距離感、位置感、抵抗感を感じ取る。そして、両感覚により感じ取られた具体的内容を身体・運動イメージ、場合によって表象イメージとともに連動することにより動作産出の調整を遂行する。調整の具体的内容は、各部位の筋肉の緊張・弛緩や収縮・伸張の度合い、各部位の位置と重心の配置、肌理、反復・リズム化である。それにより多様な動作単位の産出とその持続、他者との連動を柔軟かつ適切に行うことを可能にする。

触覚性力感は全身あるいは選択した部位への注意とともに動作単位の産出およびその持続において感じ取られ、それらの内容に基づいて力の込め具合、力の抜き具合を恒常的に調整する。肉体各部位ごとに力の強度を調整しつつ力を込める、あるいは力を抜く、それらを各部位が遂行し、平衡性を保ちつつ肉体各部位を移動させる。舞踏、即興ダンスにおいては運動感覚、触覚性力感と肉体との関わりを自覚することから始める。まず肉体全体に入っている力をすべて抜くことを学習し、そのうえで力を一つひとつの部位に丁寧に強度を調整しながら込めていく。この過程における運動感覚、触覚性力感の感触を感じ取ることから始め、それを手掛かりに右記の過程を繰り返すことにより、自ずと動作単位が輪郭を伴なって産まれてくるのである。そして舞踏、即興ダンスにおいて重要なことは力を抜いた状態、つまり脱力した状態から力を込めることであり、それにより他者との連動、物理的環境への適応を必然性のある動作で遂行することを可能とするのである。

運動感覚・内部感覚の感じ取りと気づき、調整により、多様な動作単位の産出と持続、他者との連動を柔軟かつ適切に行うことが可能となる。立ち続ける、座り続ける、といった外側から見ると動作に変化がないと思われる動作単位の持続においても、上記の各構成素における差異は常に感じ取られており、それらを手掛かりに、立つという動作単位の産出が遂行されている。

舞踏、即興ダンスでは脱力することは身体を動かすための必須条件であり、脱力した身体により柔軟で多様な動作単位の産出を遂行することができる。以下に岩下徹氏のワークショップで行われるストレッチの一部を考察し、運動感覚・内部感覚の感じ取りを具体的に検討してみる。

①床に寝そべる

【事実記述】

床に背中をつけて寝そべり、床になじみながら踊る者自身が「一番楽で気持ちが良く、余計な力が抜けてホッとするような姿勢」を探す。探り出した姿勢を一定時間維持することで、床という安定した地面に肉体をあずけ力を抜いていく。この過程で、呼吸は徐々に安定したリズムを刻みだすようになる。そして身体が緩んだ状態となる。

【考察】

この動作の持続により、「ただある」という感覚、肉体の存在感、各部位の位置、各部位のつながり、各部位周辺の感触、緊張の入り具合、床と接触している感触、床の冷たさ、肉体の温かさ、内臓や骨の感触等を探りだすことを試行し、注意を向け、感じ取り、気づきを得る。肉体が強張り床から浮いてしまう場合、それにより肉体の緊張の度合いに気づき、その状態であっても数分床に寝そべり続けることで床へ密着する範囲が増え、緊張の度合いが緩んでいく。その感触と過程を経験する。この動作を繰り返し行うことで、安定した呼吸、脱力した状態、身体内部に注意を向け、肌理細かく感じ取り、気づきを得ることができるようになる。

②腕を振る

【事実記述】

両腕を胸の位置で左右に広げ、両足を肩幅くらいに開いて膝を緩めて立ち、腰を入れて、肉体を左右に緩く回転させる。肉体を「雑巾」と見立て右方向、左方向にひねる。その繰り返しにより、緊張した肉体から力が抜けていく。最初は腕と掌を〝ぶらん、ぶらん〟と小さく左右にひねり、さらに首、胴体の胸、腰、足も加えて左右にひねる動作を繰り返す。肉体が柔らかくなったと感じたら、徐々に腕を大きく左右に、遠心力が着くようになるまで回転させながら大きく振り続ける。筋肉、筋肉と関節の間を遠心力によって引っ張ることにより、肉体の各部位が脱力し、動作の持続において一切脱力した状態となる。

【考察】

「雑巾」という表象イメージを使いつつ、立った状態で肉体全体を左右にひねる。遠心力により身体の部位への負荷を最小限におさえつつ、腕と掌、足の動きの感触の変化に気づき、ひねる速さや強さ、大きさに調整を加えることで、動作可能な角度が拡大し、それに応じて筋肉や関節が緩み始め、膝は折れた状態、頭や手は〝ぶらん、ぶらん〟と脱力した状態へと変化していく。そして更に力の不在感、姿勢の変化などへの気づきが出現する。

以上のように参加者は床に寝そべる、腕を振るという二つの動作を活用し、脱力前後、脱力過程における自らの運動感覚・内部感覚における気づきを向上させる。

第3項　予　期

身体運動における予期は、〝次の〟眼差し、位置・移動方向・軌道、動作単位の輪郭、眼差しや動きの肌理細かさ、速さ、高低、触れる強さ、接触部分の広さ・動き、動作単位の持続により形成される領域、つまり〝次の〟動作単位の産出により生じる結果を予測することである。他者と連動する際には、他者の眼差し、表情、肉体各部位の位置、全身の姿勢、動作の輪郭、他者の動作単位との連動の持続により形成される「位相領域」、物理的環境における他者の軌道、以上のいずれかひとつあるいは複数に注意を向け、それらから得た気づきを手掛かりとして、他者との連動に向けたイメージを含みつつ[314]、右記注意を向けた項目の〝次の〟連動を予測する。そして予測した自己および他者の動作単位、連動の仕方を右記の気づきを基に、自己の動作単位を産出するための構成素の選択とそれら構成素の強度を調整する。以上の過程を経て他者との連動に向けた自己の〝次の〟動作単位がはじめて決定するのである。自己および他者への予期を、動作単位産出の持続が可能と予期しうる範囲内で[315]、その都度遂行し、その予期がずれていても、そのずれを手掛かりとして、予期を行うための隙間として活用し、〝次の〟動作単位の予期を遂行する。そして予期は次の項で述べる身体・運動イメージの形成と強く連動しており、動作単位産出の方向付けおよび調整の役割を果たす。

舞踏、即興ダンスにおいて、いかなる形で他者と連動するかについて予測することは難しい。それまでの動作単位の輪郭、移動の軌道、他者との関係の取り方、連動の仕方を手掛かりに、自らの動作単位による試行とそれへの他者の反応から気づきを得ながら、さらに試行と調整を的確に肌理細かく行い予期をその都度繰り返し更新し遂行する。その更新により他者の動作単位との連動可能性の幅を拡大する。

例えば、他者と掌を合わせつつ動かすという動作単位をしていた場合、両者間で予期しあう構成素が前景化する。その事例を以下に記す。

【踊り手】

Gさん（女性）と筆者が踊る。立ち姿や動作そのものが美しい。他者との連動においては、模倣、反復が多い。

【事実記述】

Gさんと筆者は向かい合いあう。Gさんが、両手の掌を内側に胸のところに置いていたので、両手の掌をGさん側に向けて同じ高さに位置づけたところ、Gさんは掌を外側に裏返し、筆者の掌に高さを合わせた。そこで両者の両手の掌を合わせた状態で両手の掌を上方向に内側から外側に動かしながら左右二つの円を描き始める。円を描く動きが15回以上回繰り返され、繰り返しは一定のリズムを刻むようになった。Gさんと筆者は動作の最中、眼差しによる接触を行い続けている。同時に、Gさんの穏やかに見える表情が続き、楽しそうに見える表情が増した。

次にGさんと筆者それぞれにワンパターンな予期が生じないように動作単位を次のように変更した。常に合わせていた掌が下にいった時、筆者の掌をGさんの掌から離し、再び両手の掌を胸の前に戻し、再び円を描く動きを開始する。両手を一番上に上げた位置でGさんと筆者の掌を合わせ、合わせたまま下方向に左右二つの曲線を様々な形、大きさで描くように下ろしていく。下ろした時にGさんと筆者の掌が離れ、その隙間を活用し二人の動きに隙間が生まれ、両者の間に二つの様々な楕円が生まれた。動作の輪郭、方向と速度に多様さが生じたとともに、両者の掌を合わせるタイミングを合わせる、位置を合わせるという「ごっこ」遊びの性格を持つこととなった。始終Gさんと筆者はお互いの掌の位置と動きを目で追いかけた。

【考察】

筆者はGさんの両手の掌の位置に自分の両掌を置く。つまりGさんの動作を模倣することで、連動のための開始点を作ろうと試みた。Gさんはまず両掌の位置を筆者の両掌を合わせるという動作を選択し、筆者はそれを契機に常に掌を合わせた状態で両腕を動かし始めた。その後「円」という表象イメージに結びつく身体・運動イメージを産出しつつ手、腕を動かし、動作において「〝次に〟合わせる位置」を予期しつつ、「描く」および「掌を合わせる」という運動イメージを連動させつつ、さらに同じ周期で繰り返すことにより「リズムを刻む」という構成素を産出しつつ両者は連動した。そしてGさんと筆者は「眼差しによる接触」という構成を繰り返し産出した。動作に関わる連動と眼差しに関わる連動の持続にしたがい、連動の強度は増した。

次に筆者はワンパターンな予期の繰り返しを回避すべく、掌を下ろした時点で筆者とGさんの接触を解消し、再び胸のあたりでGさんと掌を合わせた。その後、表象イメージと連動した運動イメージ「隙間の空いた2つの楕円」を産出しつつ、様々な掌を「〝次に〟合わせる位置」を予期しつつ、「描く」、「掌を合わせる」を構成素とする連動もリセットされた。「楕円」を作ろうするときに両者の掌が離れ、そこに〝次の〟動作の選択肢が拡がる。同じ周期で繰り返すことにより「楕円を描く」、「リズムを刻む」という連動が産まれ、動作の持続に遊びの性格が加わった。

右記の事例のように、簡潔なリズム化した動作単位を持続する場合においても、一つひとつの動作単位を肌理細かく丁寧に遂行し、他者の表情、動作そのもの、接触している部分で感じる力の強さなどを感じ取りつつ、特定の動作単位に飽きたり、退屈な気分が生じないよう、〝その次の〟動作を予期しつつ、他者の動作に合わせていく。

そして他者の動作単位を予期しつつ、タイミングや位置、隔たりをずらし、両者の動作に隙間を開けることで、予期を前景化することにより、新たな動作単位の選択肢が産まれ、多様な動作単位、連動が展開されることとなった。

第4項　身体・運動イメージの形成

自己は他者、物理的環境への眼差しによる視覚像、身体の運動感覚・内部感覚とそれに関わる身体イメージおよび運動イメージ、言葉や物理的環境、自らの記憶からもたらされる表象イメージという三つの性格の異なる複数のイメージ形成を連動することにより動作単位の産出を調整する。

身体イメージの形成は、動作単位の産出に恒常的に関わる、肉体各部位の位置、肉体全体の輪郭、動作単位の輪郭、他者と連動した形態、それぞれの「輪郭を制するもの」である。ただしこれらは動作単位の産出過程において必ずしも像という形を伴い現れるわけではない。身体の具体的像を持たずとも、「輪郭を制するもの」として動作単位の産出以前に機能する。自己は身体イメージを産出しつつ、次の動作単位産出の開始条件とするとともに、次の動作単位産出調整の手掛かりとするのである。

運動イメージの形成は、肉体各部位に動作単位の生じる順序、動作単位にける力の入れ具合や抜き具合、動作の肌理細かさ、動作単位の持続における位置とその延長からなる軌道、他者や存在物との隔たり、動作の高低や方向、反復とそのリズムそれぞれの「輪郭を制するもの」であるが、必ずしも身体イメージ同様、像という形を伴い現れるわけではない。そのつどの動作産出において、いずれかの運動イメージが選択的に前景化し動作産出とその持続を調整する。運動イメージは眼差しにより感じ取られたものと運動感覚・内部感覚から感じ取られたもの、身体イメージに手掛かりを得て産出される。状況に応じて必要な時に表象イメージと連動することもある。たとえば、肉体を丸まった状態にする時、丸まった状態の肉体の像を持つのではなく、例えば「無限小の点になる」という表象イメージと身体イメージ、運動イメージを連動することにより三つのイメージつまり構成素は連動し、動作単位産出過程の調整要因として前景化することにより、その動作を円滑に適切に遂行することが可能となる。

また、運動イメージ、身体イメージは、パターンの形成とそのリセットに大きな役割を果たす。身体イメージ、運動イメージに基づき持続する複数の動作単位が反復可能な形でひとまとまりに組織化されたものが動作のパターンである。パターンの種類の幅が増えそれらの選択可能性が拡大することは、動作の遂行、持続の自在さに貢献するが、パターンという選択肢のうちに始終することは他者、物理的環境への適応の幅をせまいものとし、経験の幅が制限される可能性も生じる。そこで即興ダンスの持続において動作単位のつながりをパターンとして組織化することを学習するとともに、それまで形成された身体イメージ、運動イメージの調整変更により、パターンを緩めたり、一度リセットしてみることで、それぞれのパターンを更新し他者、物理的環境への適応の自在さを可能にすることが求められる。

第5項　配　置

配置は、他者、物理的環境と適応すべく、眼差しあるいは皮膚による接触を通じて、自己の存在を他者、物理的環境の間において適切と判断した位置に、動作の起点として投げ込む場所を選択し、そこに自己という存在を投げ込み、動作単位を起ち上げることである。そしてこの自己の存在の投げ込みの持続が軌道を形成する。つまり配置は動作単位による「位相領域」の形成の開始点の規定と言い換えることができる。この投げ込みの場所の選択は動作単位の産出以前に恣意性を持たないことにより、その選択に必然性を担保することが可能となる。

即興ダンスにおける自己の存在可能性、動作の産出可能性において、みずからを企投し、それを反復する。そして世界内存在のうちに「位相領域」を形成しつつ、その企投は自己という現存在を位置づける。自己は即興ダンスという本来的存在様態における身体運動において、なんらかの目的に向けて自らを配置し続けることはなく、無目的に自ずと配置を反復するのみである。そして配置の反復に区切りを設けることは反復の停止にあたり、区切りの配置の判断は即興ダンスを行う者にとって重要な課題となる。本来的存在様態における配置の反復の区切りとは非本来的存在様態における目的を持つ配置の反復の区切りとは性格を異にする。つまり前者においては反復の区切りは無目的のうちに自ずと訪れ、自らの責任において遂行する。一方、非本来的存在様態における配置の反復の区切りは特定の目的に基づく指示を基に遂行する。前者では自己に必然性が、後者では自己の恣意性が担保される。区切りと同様に即興ダンスにおいて、他者との隔たりをいかにとり、いかに近づいたり離れたりするか、という隔たりの調整は必然性のうちに遂行するものであり、自ずと生じていた他者との隔たりが本来的存在様態において遂行されている必要がある。つまり即興ダンスにおいては、メルロ＝ポンティが述べたように「ある対象への活動的な身体の投錨、自己の任務に直面した身体の状況[316]」という切迫における必然的な調整がなされているのである。他者の存在との関わりにおいて自己をいかに配置するかという可能性と必然性に気づくことは「良心の呼び声」を伴った顧慮的気遣いにあたり、配置された位置は他者という現存在に即する形で必然的にすでに決定されているのである。さらにこの配置の反復をさまざまな他者とさまざまな状況で経験することにより、他者という現存在との連動可能性を、他者と関わる感触、自己を投企する感触とともに学習するのである。

第６項　肌理・隔たり・方向の調整

肌理の調整は、自らの感じ取り、動作単位産出の調整における〝できる〟領域において育まれ、同時に連動する形で動作単位の産出を調整する各構成素のうちに内在する「物差し」の目盛りをその場に応じて設定することである。他者、物理的環境と適応すべく動作単位産出の繰り返しによる学習によって、「物差し」の目盛りは肌理細かいものへと形成され、その「物差し」を基にその状況に応じて感じ取りや動作単位の産出の調整が遂行される。本書における「物差し」の目盛りとは世界尺度といったすでに外側から指定された尺度ではなく、その尺度をいわば括弧入れした上で、眼差しによる感じ取り、運動感覚、内部感覚、皮膚感触、規則性などの感じ取りに基づく動作単位産出の調整を通じて、身体運動を行う者が自己による動作単位の産出と持続のうちに内部から形成した尺度である。そしてその尺度は他者、物理的環境との連動、適応の繰り返しによる学習を通じて、より肌理細かいものへと分節化される。〝できる〟領域を使い他者、物理的環境に連動、適応するため、より肌理の細かい「物差し」が形成される。他者との連動の形成においては、その動作から〝できる〟領域と肌理の細かさを感じとり、それらを手掛りに自分の〝できる〟領域における「物差しの目盛り」を調整し、連動を試みる必要がある。

「隔たり」とは、ハイデガーの言う意味での「隔たり」であり、それは他者への自己の顧慮的気遣いが可能である限りで、または自己の到来が他者にとって、他者の自己への顧慮的気遣いが可能である限りで、または他者の到来が自己にとって良心の呼び声となる限りで、自己、他者が相互に調整し合い、形成することが可能な領域のことである。それは物理的な三次元空間のものとは性格を異にするが、一方物理的な三次元空間において可能なものである。よってその領域は近い遠いという枠ではなく、自己、他者の動作単位産出可能性、連動可能性の領域として構成される。この「隔たり」という領域は、自己、他者の動作産出可能性、連動可能性の予期に基づき、〝次の〟動作を自己が選択し投企する前提条件として機能する。

第7項　反復・リズム化

反復は特定の動作単位の産出を繰り返すことであり、その繰り返しの経過は動作単位の輪郭や配置、軌道の「類似」[317]として外部に現れ、この繰り返しにより動作単位間の接続の強度は高まる。リズム化はこれら動作産出の繰り返しに規則性が生じたものであり、その規則性は生得的に獲得している場合や学習され記憶される場合もある。前者については、心臓の動きの規則性が動作単位の繰り返しとして現れる場合があり、リズム化の原形の一つと考えることができる。心拍音という肉体が本来持つ規則性を運動感覚・内部感覚の感じ取りと身体・運動イメージと連動することにより、心臓の動きの持つ規則性が動作単位としてそのまま現れる。心臓の動きと肉体の動作単位は相即の関係において連動しているのである。クラーゲスは『リズムの本質』において人間の精神の働きである「拍子体験[318]」という「反復[319]」は「覚醒を維持[320]」し、人間の生命現象である「リズム体験[321]」という「更新[322]」は「緊張を緩める[323]」という形で両者を区別する。「生命それ自体が抵抗を乗り越え優勢になるにつれて、過程や形をリズム化する……リズムは生命の拍動の中で振動するということを意味する。したがって人間にとってはさらにその上に、精神が生命を狭く抑圧している枠が一時的に取り払われることを意味する[324]」。つまり両者は相即の関係にあり、生命の優位により、精神の働きである「拍子体験」のうちに「リズム体験」が前景化し、自己の緊張を緩めるとクラーゲスは説明する。

即興ダンスにおいて自己は右記の二つの規則性である「拍子体験」、「リズム体験」を経験しつつ、他者の動作単位の持続状況やその間の表情を手掛かりに、肉体が本来持つ規則性につねに注意を向けつつ、「拍子体験」、「リズム体験」いずれかの前景化を調整することにより、前景化した体験の強度の調整を遂行し、他者との連動において覚醒の維持と緊張の緩急を状況に応じ適切な形で生じさせる必要がある。他者との連動の試行・成立・持続においては繰り返される動作単位間の隙間、輪郭およびリズムの類似性を感じ取り、特定の輪郭、リズムを選択し、さらに他者の動作単位との模倣や同調といった連動の仕方、持続する動作単位間への介入といった持続の仕方を選択することにおいて、「拍子体験」と「リズム体験」の関係を調整する。その結果として他者との連動を円滑に遂行し、持続する効果を期待することができるのである。

第3節　選択的に連動する構成素の設定

本節では他者、物理的環境に応じて動作単位産出に関わる構成素を〝選択的構成素〟として設定する。

第1項　呼吸の調整

呼吸は吐ききった後に吸い始め、吸いきった後に吐き始めるという筋肉の収縮運動の反復であり、一つの動作単位である。そして呼吸の流れと動作単位の持続は相即の関係にあり、他者や物理的環境に柔軟に適応する動作単位を産出するには呼吸の流れによる呼吸器官周辺に生じる内部感覚の差異に注意を向け、それら感覚内容を手掛かりとして呼吸という動作単位の産出を調整する。即興ダンスにおいては、呼吸を安定させ、筋肉を弛緩させることにより、肉体に柔軟性を持たせ、柔軟であることにより、呼吸の肌理細かい動きが全身の動作にそのまま表現される。メルロ＝ポンティは『幼児の人間関係』において呼吸と身体の関係について次のように述べた。

身体は最初は「口腔的」なものです。シュテルン[325]は、幼児の最初の生活における「口腔的空間」とさえ言っていますが、その意味するところは、口によって含まれたり探られたりしうる空間が、幼児にとってはぎりぎりの世界なのだということです。さらにはヴァロン[326]のように、もっと広く、身体はそれ自身すでに「呼吸的」身体である、ということができましょう。身体は単に口ではなく呼吸器官全体であり、その活動によって幼児が空間についてのある経験を得るわけです[327]。

つまり呼吸は口腔から入ってくる空気の流れによってつくられる。その流れをつくるのは筋肉の収縮である。その収縮は全身運動のうちにあり、肉体各部位の調整により遂行される。つまり呼吸が筋肉の収縮活動と結びついているかぎり、呼吸はほとんどの身体運動と結びついているのである。つまり呼吸は吐ききった後に吸い始め、吸いきった後に吐き始めるという筋肉の収縮運動の反復による肉体内の空気調整である。肉体は空気の出入りする〝袋〟であり、世界に充満する空気は肉体内部と直接つながっている。空気という質量を活用することで、身体・運動イメージと連動しつつ自らの動作単位、全身の姿勢、動作単位の繰り返しとリズム化を調整する。吸う、吐くという動作単位の肌理細かい調整により、空気の出し入れの量と強さを微細に調整することにより、動作単位産出とその持続は自ずと肌理細かさを増し、丁寧な呼吸と動作単位の連動を持続する。そして、呼吸の規則性を調整することは動作単位産出の持続において安定性を維持するとともに、肉体から緊張を取り除く、つまり脱力を促す。そして脱力する過程を通じて自分の肉体である筋肉と骨の感触を感じ取り、そこからを気づきを得る。その気づきを手掛りにさらに脱力する。

以下に岩下氏の即興ダンスのワークショップにおいて準備体操のなかで行う呼吸調整のワークの内容を記述する。

①　呼吸を整える

【事実記述】
鼻から腹部に向けて空気を一度に吸えるまで吸い、体内に空気を溜め、その後少量ずつ口から吐き出していく。以上の過程をゆっくりと繰り返す。

【考察】
鼻から空気が入ってくるとともに喉そして胸部の容積が大きくなり、胸部を外に押す力と胸部の表面が伸びる感覚を感じ取る。さらに胸部を経て腹部に向けて空気を入れ、腹部から外に押す力と腹部の表面が伸びる感覚を感じ取る。肉体の中が空気で充満した状態において、全身で外に押す力と肉体の表面が伸びる感覚を十分感じ取った後、すぼめた口から少しずつ空気を丁寧に出していく。空気が吐き出される過程で、胸部、腹部から外に押す力が内部から抜けていき、肉体の表面が緩む感覚を肌理細かく感じ取る。この動作の繰り返しにより、肉体の緊張は徐々に抜けていく。

同ワークショップでは脱力した上で、即興ダンス遂行時には脱力した状態のまま肉体に力を入れ動作単位を産み出す。右記のワークにより呼吸により動かされる肉体、つまり「呼吸的身体」を自らの肉体のうちに初期設定するのである。

第2項　皮膚感触の感じ取り

皮膚における感触は、動作単位の持続とともに他者、存在物との接触のうちに生じる。感触を感じ取る場所は肉体における肢体、胴体、顔面、足の裏等の皮膚全域であり、眼球の表面も含まれる。他者、存在物と接触する面の広さと位置、面における移動の方向と速度感、摩擦の強さの度合い、他者、存在物との間に生じる力の度合い、存在物のテクスチャと肌理の細かさ、温度、湿度を自己は感じ取る。そして皮膚感触の感じ取りと運動感覚・内部感覚の感じ取りは連動しつつ、身体・運動イメージの形成に手掛かりを与える。

メルロ＝ポンティは触覚を次のように特徴づけた。「触覚が視覚のようには空間的でない[328]」、「触覚野が視覚野の広大さをもたないこと、けっして触覚の対象が視覚の対象のようにその諸部分のそれぞれに全的には現前していない[329]」。皮膚接触による内部からの感じ取りは環境である他者、存在物を空間的に皮膚の上に接触部分において現出するのである。肉体を覆う皮膚は他者、存在物に露出しそれらを感覚しているのであり、皮膚接触時、視覚的に隠れた部分も感じ取っている。皮膚接触における感触は「接触による現実性[330]」であり、自己の肢体、胴体、顔面、足の裏等の皮膚、眼球の表面と他者、存在物のあいだに接触が生じ、その持続により感じ取られたものである。皮膚接触による感じ取り、眼差しによる感じ取り、運動感覚・内部感覚が連動することにより十全に他者、存在物を感じ取ることが初めて可能となる。そして肉体という質量、接触という動作単位の持続、重力の存在が前提条件となり接触による感じ取りが成立する。接触についていえば、風が瞳に触れる時に感じる感触、床の上に立っているという感触、他者と皮膚が触れ合っている感触、これらはいずれも運動性を含む。そしてその感触の感じ取りを気づきとすることで動作単位の産出とそれによる「位相領域」が形成される。

舞踏家大野慶人のワークショップにおける、ティッシュペーパーを使い皮膚感触の感じ取り、身体・運動イメージとの連動、さらに表象イメージとの連動により動作単位産出を遂行するワークを例にとってみる。手のひらにティッシュペーパーを載せ、少しずつ指先、掌に力を入れ、その質感、重さ、テクスチャ、肌理の細かさ、ティッシュペーパーそのものの動きの変化を感じ取りつつ、それら感じ取られたものを手掛かりに全身運動のうちに浸透させつつ、あるいはさらに表象イメージを産出し連動させつつ、指先から手、腕、胸、背中、さらに全身にかけて力の入れ具合を調整し、その都度一つひとつの動作単位を産出する。

大野慶人は「自分の中にある優しさ、あるいは繊細さ」(331)を花と呼び、「それを日常の中で育てて育てて、それを作品の中に、形に表す」(332)と述べる。自分の中に花を育てるとは、自分の生きてきた中で出会った花々の記憶、その花々に関わる人や場所の記憶などの想起と連動し生じる様々な表象イメージの蓄積とその物質化である。ティシュペーパーとして物質化されつつある花を持ち、ティッシュペーパーのもつ柔らかさや肌理の細かさ、軽やかさを皮膚感触において感じ取り、身体運動に花にまつわる記憶、表象イメージを浸透させ、力の入れ具合などを調整し、一つひとつの動作単位を産出するのである。

第3項　表象イメージの形成

表象イメージは「輪郭を制するもの」であり、動作単位の産出過程において「輪郭を制するもの」を産出しつつ身体・運動イメージに連動し、動作単位産出を調整するところのものである。「輪郭を制するもの」は動作単位産出以前に企図した明確な像や言葉の形をとることなく産出され、動作単位の産出後、輪郭の記憶を辿ることにより何らかの「輪郭を制するもの」を表現していたことに自ずと気づく。「輪郭を制するもの」としては、出来事（戦争・紛争、地震など災害、留置、置き去りなど）、物（灰、壁、石、ガラスなど）、植物（花、竹、林、森など）、動物（犬、猫、鳥など）、液体（水、油、膿など）、気体（風、煙など）、宇宙（星、月など）、抽象的存在者（垂直線、水平線、最小の点など）などを挙げることができる。

「輪郭を制するもの」はハイデガーの規定した「語り」であり「～として」という在り様を持つ。自己は周囲の他者、物理的環境を理解し、「～として」に当たる右記存在者を動作単位産出以前に取り出し、繰り返しになるが、身体イメージ、運動イメージ等と連動し動作単位を産出する。もし動作単位産出以前に企図した存在者の明確な像を基に動作単位とその「輪郭」を産出したならば、他者の動作に瞬時に応え連動することは不可能となる。さらに恣意性を帯びた動作は、相互に連動した動作単位という意味において必然性を持ちえず、クラーゲスの述べたような生命の動きとしての必然性を持ったリズム性を持つことも不可能となる。「～として」の表象イメージは、輪郭とその変容、肌理と質、強度、あるいは動物性、植物性、物質性、気体性、液体性といった性格により動作単位の選択可能性を限定し、自己はその限定された動作単位の産出可能性のうちに自らの存在を投げ込むのである。

つまり表象イメージは動作単位産出以前に輪郭を制御する祖型の役割を果たすのである。いかなる表象イメージを自己は自分自身、他者や物理的環境から取り出し、いかなる動作単位を選択したのかは、その動作単位の産出時、動作単位を産出する自己にはわからない。自己の遂行した動作単位の持続とそれにより形成した軌跡が、動作単位産出後、意識に上ることによってはじめて自己はそれに気づき意識する。いわば即興ダンス遂行時、表象イメージがなんであったかは「輪郭」を調整する祖型に言葉を後付けする形で自己に意識されるのである。そこで意識され言語化された表象イメージは「油になり他者の表面を覆いたい」、「イカになって他者に絡みつきたい」、「点になって寄り添っていたい」といったいわゆる擬態[333]という変容を含むものである。そして擬態を行うことにより、他者の動作単位との連動、物理的環境への適応が円滑に持続可能となるのである。

前項で取り上げた大野慶人のワークショップでは、参加者が薔薇を手に取り、薔薇との関わりのうちに歩くワークを毎回行う。そこでは薔薇を手掛かりに表象イメージを産出しつつ参加者固有の動作単位を産出する。ある回の様子を次に記す。

手に薔薇を持ち「歩く」など身体運動を行う。自らの存在の投げ込みにおいては、大野慶人から「大地震で流されていった花たち、人々への「思い」を持ち、悲しみを踊ってみましょう」という指示がある。同ワークショップに参加した筆者の内部ではその言葉を契機に、流されてしまった花、花を育てていた人、花が好きだった祖父母への「思い」が生じてゆき、それらに関わる表象イメージを産出し続ける。一つの表象イメージが手掛かりとなり〝次の〟表象イメージを連鎖的に産み続け、その奥底にある自らの存在可能性への「不安」に触発されつつ、動作単位を産出する。それらの「思い」は薔薇と隣接する、薔薇とともに歩く、薔薇に手を引かれる、薔薇に触れられる、薔薇の一部となる、薔薇となって流されるなどの産出過程のうちに現れ、対象であった薔薇は肉体の一部分となり、さらに筆者が薔薇そのものになるなど自己との関わりを展開する。

右記の過程において大野慶人による「花のてっぺんが陽に伸びていく、根は下に向かい闇へ伸びていく」という指示がある。狙いは、「歩く」など身体運動を行う肉体のうちに「縦目」、「横目」を身に付けることにある。「縦目」、「横目」とは肉体を真上、真下に貫く縦線と肉体を前後左右に貫く横線を身に付けることである。筆者は手に持った薔薇の花、茎の輪郭を眼差しにより感じ取り、前景化してくる垂直性に見習いながら延長する線を表象としてイメージする。それと同時に、その表象イメージと連動する形で、内部感覚において垂直、水平に伸びる感触、垂直、水平な線という身体イメージと、その身体イメージを実現すべく運動イメージが連動することによって、「縦目」、「横目」を持つ姿勢の形成を行いつつ、「歩く」という動作単位の産出を持続する。右記の各構成素の連動に基づき、頭の先、足の裏、指先、手の甲、胸、背中、膝等、肉体のいたるところから、各部位のもつ直線性、延長性に沿う形で、縦線、横線が内部から外部へと延長し、運動調整の基準となる軸を肉体のうちに形成する。以上の連動のうちに眼差しにより感じ取った輪郭、内部感覚における感触（特に運動感覚における強度）、表象イメージ、身体イメージ、運動イメージと、それら構成素の連動形態がその都度記憶され、それらを手掛かりに動作単位の産出を繰り返すことにより「縦目」、「横目」が身についてくるのである。その結果、肉体内部に運動調整の基準点を持つことができ、その基準点に基づき動作単位を起ち上げる起点、自らの存在を投企する場所を選択することが可能となる。この延長する直線は肉体、屋内から空、宇宙、その反対に地の底へと無限に延長し、この垂直線の内に自らの配置をふらふらさせることなく、運動調整の基準を自らにしっかりと配置し、様々な構成素の調整を肌理細かく行い、自らの存在を投げ込むことを可能にする。表象イメージは様々な構成素と連動することにより、それら構成素を産出する手掛かりとなるとともに、それらを束ねる役割も担うのである。

第4項　眼差しによる感じ取り

眼差しによる感じ取りは触覚性の視覚である。そこで最初に感じ取られるのは焦点化以前の「質」である。触覚性の視覚は、光の質と強度、陰影、他者と物理的環境からなる世界を輪郭として明確化する以前に視野に「映しだす」という形でそれらに触れ、輪郭を浮き彫りにすることで、映しだされたものに現実性を与えつつ、同時に雰囲気と存在感を感じ取る。そして自己の眼差しは触覚性の視覚であるがゆえに、他者、物理的環境に触れているとともに、他者の眼差し、物理的環境によって触れられている、という感触を常時持っており、触覚性視覚により感じ取られたものによって自ら存在しているのである。つまり触覚性視野は他者、物理的環境と適応、連動する限りにおいてのみ存在するのである。

存在物における色の濃淡という強度、陰影、輪郭を通じて、他者の存在、動作単位の輪郭、動作単位の持続による方向、速度、位置の変遷を捉え、物理的環境における物の位置を捉えると同時に、それらへ適応するための予期を遂行する。自己と他者の眼差しが直接触れる時には、眼差しの方向、強度、奥行きを感じ取り、その感覚内容を手掛かりに〝次の〟動作単位、自らを配置する位置を予期するのである。

メルロ＝ポンティは眼差しにおいて、存在者への焦点化と背景化の区別を採用しつつ[334]、存在者の外側から縁取る形で輪郭を形成するのではなく、存在者の内側から色という質とその強度が浮き彫りになる形で感じ取られることによって輪郭を浮かび上がらせる[335]構造を提示した。『知覚の現象学』Ⅳ部において、眼差しの投げかけについて、次のように書いている。「私の眼差しが活動しつつある一個の身体に向けられるやいなや、ただちにその身体を取り巻く諸対象は、意味の新しい層を身につける[336]」。この文章における意味とは「色」という質とその強度における差異といったたぐいのものであり、メルロ＝ポンティによると、眼差しはそれら差異という意味により対象という図を、地という意味を付与されていない領野から浮かび上がらせることにより輪郭を縁どらせるのである。この仕組みを身体運動に落とし込んでみると焦点的注意の行為自体、上記の質とその強度における差異とそれにより縁どられた輪郭の形成に当たり、自己はその反復を通じて身体運動の遂行中においてそれら色の質とその強度、輪郭、そして選択的注意が向けられていない背景を感じ取る。つまり触覚的視覚により感じ取られた感覚内容の差異とその意味は、それらが前述の焦点的注意、分散的注意いずれであっても動作単位の産出を調整する手掛かりとして活用される。また自己の眼差しと他者の眼差しがお互いを焦点化する形で接触する場合、それは皮膚による接触と同等の強度を持ち、この接触は自己および他者を触発し、自己の肉体による他者への接触が他者の動作単位産出の開始条件となるのと同様に、眼差しによる接触も他者の動作産出の開始条件となるのである。

第5項　情態性／気分

情態性／気分とは「不安」、「退屈」、「驚愕」など自己、他者の在り様、動作単位産出そのものを規定するものである。情態性／気分の変化に基づき次の動作単位をその都度起ち上げる形で産出する。持続のうちに前景に現れる気分の強度は動作単位産出の調整にそのまま反映され、恣意的に選択、調整することができないまま動作単位、輪郭において現出する。

情態性／気分についてハイデガーは、『存在と時間』において「不安」、「不気味さ」を、『哲学への寄与』において「慎ましさ Verhaltenheit」、「驚嘆」、「物怖じ Scheu」、「予感 Ahnung」を取り出した。さらにハイデガーは『形而上学とはなにか』において「退屈 Langweile」を取り出した。本項では「退屈」について身体運動との関わりにおいて検討し、その後取り出し可能と思われる情態性／気分について検討する。

『形而上学とはなにか』においてハイデガーは日常的な生活において生じる何らかの存在者への退屈ではなく、自己の存在において「何となく退屈である」[337]という「本来の退屈 Langweile」[338]があり、存在者に注意していなくても、その気分において存在者全体が自己という存在を襲う、とした。そしてその「退屈」の到来の内に無関心へと移行するが、それにより存在者全体の存在が露わとなり、存在者全体の存在における自己の存在に気づくこととなる。即興ダンスにおいて恣意的にではない形で、本来的存在様態における動作単位の産出や持続が断たれ、動作単位が突然消滅してしまった時、自己の存在が追い詰められた時、「不安」な気分とともに存在者全体の存在と自己の存在の境界が引かれ、その状態のなかで自己は動作単位の選択肢を何も持たない状態に陥り「本来の退屈」が訪れる。そこから抜け出すには即興ダンスという身体運動において、存在者全体の存在が露わになることにより存在者に関心を持つことができなくなった状態から、無関心へと向かうのではなく、動作単位を産出するために自己の肉体も含め他者や物理的環境からなんらかの手掛かりを得る状態へと自ら移行しなくてはならない。一から自己の動作単位の存在を他者や物理的環境との関わりのうちに、動作を起ち上げることは次の選択肢をつくり始めることであり、動作産出のいわば原初に立つということである。その意味で「本来の退屈」という気分は即興ダンスの遂行の本来を経験するうえで非常に重要な役割を担う。

即興ダンスにおいて「本来の退屈」という情態性／気分の状態から自己という存在の存在可能性が前景に張り出し、あるいは自己の存在が肯定された時、さらに自己の存在が十分に開かれた時に、「闊達」、「精一杯」という気分が生じる。しかし「不安」という気分がその直後に生じる可能性も常時併せ持っている。つまり即興ダンスにおいては存在可能性と非存在の可能性はいつも拮抗した状態にあり、「不安」という気分と「闊達」、「精一杯」という両極の気分に気分づけられながら動作単位は産出されるのである。このような情態性／気分の断絶において最初の〝次の〟動作単位をそこから起ち上げる形で産出しなくてはならない。そしてその動作単位の持続のうちに前景に現れる気分の強度は動作単位産出の調整にそのまま反映され、恣意的に選択、調整することができないまま、その情態性／気分により動作単位は産出され輪郭において表現されるのである。

第4節　他者とのカップリング・システムの起ち上げと持続

第1項　カップリング・システムの起ち上げと気づき

動作単位を産出するシステムが二つあるいは複数存在し、一方のシステムの産出した動作単位が他方あるいは複数のシステムに入り込むことにより、その動作単位を産出条件として、一つのカップリング・システムが起ち上がる。本項では即興ダンスという身体運動におけるカップリング・システムの産出と持続の基本的な構造を提示する。

他者と踊る際、自己の産出した動作単位は他者の動作単位を産出する手掛かりとして他者の産出過程に入り込み、そこで他者が産出した動作単位は自己の次の動作単位産出過程へ手掛かりとして入り込む。その結果両者は共有する構成素を産出し、両者間にカップリング・システムが新たに起ち上がる。自己は他者の動作単位とその持続に注意し、両者は相互に連動可能な構成素を探りつつ、連動可能と判断した構成素を基に動作単位を産出し、他者に向け試行する。他者の反応を基に連動する構成素をさらに選択、調整しながら試行を繰り返し、結果として偶然に両者の連動するカップリン・システムが新たに起ち上がる。この状態において自己は他者と関わるのではなく、両者は個々にカップリング・システムと関わり相互作用し、一方が他方の環境となる（図1参照）。自己は他者、存在物を環境としつつ他者とともに新たなカップリング・システムを産出しそれと連動する。他者と自己は直接連動することはない。他者は自己の産出するシステムの環境にあたり、自己は他者の産出するシステムの環境となるのである。そしてカップリング・システムは他者というシステムとともに起ち上げているため、他者のシステムが両者間で持続していたカップリング・システムとの連動を解消した途端、そのカップリング・システムは消滅する。消滅後、連動していた個々のシステムは別の他者または再び同じ他者との連動可能性を探ることとなる。

再び他者とカップリングを試みる際は、他者の動作単位産出における、配置、肌理・角度・方向調整、反復・リズム化、目線の投げかけ、気分を感じ取り、それら構成素の一つをまず選択し、それを手掛かりに動作単位の産出を遂行する。他者の肉体との接触で感じ取る感触、他者へ投げかける動作単位、他者に対する自己の配置、動作単位の反復やそのリズム等のいずれにおいて連動をするのか、他者が自己および他者をどの程度肯定し、他者自身が自らの存在をどの程度開いているのかなど他者の存在論的態度を感じ取りつつ、どのような仕方で連動するのか探しつつ、連動を試みるのである。他者の動作単位との連動に適した構成素に気づき、意識する以前に構成素を自ずと選択する。そして選択した構成素における自己と他者の連動が起ち上がった場合、つまり両者の共有する構成素がカップリング・システムの構成素となって機能する場合、一つのカップリング・システムが起ち上がるのである。

第２項　カップリング・システムの持続と強度

自己と他者は両者の動作における隙間において、カップリング・システム起ち上げの持続をその都度試みる。隙間の形成は他者の動作単位の産出を先導し動作単位の産出の機会を提供するものとして機能し、その隙間のうちに連動の選択可能性を両者は感じ取る。その感じ取りに基づき、隙間の形成に応じて両者は自らの動作単位を産出する。もしも両者が隙間を感じ取らず、その隙間を活かそうとしない場合は隙間の形成に応じた動作単位の産出は起こることなく、筋違いの試行が繰り返される。その隙間を両者が感じ取りその隙間の持つカップリングの選択可能性のうちに、予期、調整を経て、動作単位を産出するならば、自己の動作単位が他者の動作単位に入り込むという形で、両者は動作単位における連動をカップリング・システムという形で持続する。その持続において自己は自己を肯定し、他者を肯定する、さらに他者が自己を肯定するという事態が生じることもある。その事態において自己は他者に開き、他者は自己に開いていく。上述の肯定および開きには度合いがあり、その度合いは動作単位の産出、カップリング・システムの持つ強度に顕著に現れる。
それぞれのカップリング・システムの存在様態は固有であり、強度に度合いを持つ。自己の動作単位をただ他者の動作単位に合わせる程度の連動においては、そのカップリング・システムの強度は弱く緩い。自己と他者双方の動作単位が互いに深く入り始めるとそのカップリング・システムの強度は増していく。自己は他者の動作単位の持続、肯定、開きの強度を感じ取りながら、その強度を前提に〝次の〟動作単位の産出を調整し、連動の持続を非恣意的に目指す。動作単位産出の反復が持続し、両者の動作単位の関係に一つのパターンやリズム性が生じた場合、連動の持続とともにカップリング・システムの強度が増し、カップリング・システムにより自己、他者の動作単位産出システムへの拘束力が強まる、つまり自由度が減少する。言い換えると、動作単位の選択可能性の多様性が減少する場合がある。その状態に至った場合、次項で述べるカップリング・システムをリセットする必要性が生じることとなる。

また連動の持続の最中に気分の移行が生じ、それが動作産出を規定することも少なくない。連動の持続が長い場合、とくに同じパターンの動作を繰り返している場合は退屈という気分が生じる。その場合も、次項で述べるカップリング・システムのリセットが必要となる。

第3項　カップリング・システムのリセットとデカップリング

一人または複数の他者と自己が連動しカップリング・システムが起ち上がっている時、近似的な動作単位が反復し、カップリングの強度は強くなり、カップリングしている者における動作単位の選択肢の幅は狭くなる。それにより連動の持続の円滑さが失われてくる。その結果、カップリングしている者に退屈という気分が生じ、疲れた表情が露わになる。自己、他者の動作単位の選択肢の幅に強制力が働き始め、他者が退屈な気分を持ち始めたと判断しうる場合、新たな次の動作単位産出を試行すべく、起ち上がっているカップリング・システムを終了させ、新たな別のカップリング・システムに移行する必要がある。この移行の過程はリセットと呼ばれ、カップリング・システムの持続にひとつの区切りをつけることとなる。

自己及び他者の動作単位の維持において現状のカップリング・システムに区切りをつける必要性が生じた時、自己は積極的にカップリングの消滅を試み、消滅したうえで〝次の〟カップリング・システムの産出へと移行する。

他者の動作単位が現行以外の選択肢を持たず、特定の動作単位を持続している場合、自己のカップリング・システム解消の試みにより、両者の間に、それまでとは異なる選択肢をその場で産出させる契機をつくる。そして、それまで持続されていた連動とは異なる次の連動へ移行することを試みる。新たなカップリング・システムを産出するための動作単位の選択肢が産まれない状況から産まれる状況へと、他者、自らの動作単位の持続を崩し、その状況から何らかの手掛かりを得て、〝次〟の連動の仕方を試行、産出するのである。

自己と他者が同じ動作単位を模倣することにより連動している場合も、一方が動作単位の輪郭を少し変えることにより、他者に連動可能な、以前とは異なる、〝次〟の動作単位の産出を試行する契機と気づきをあたえることになる。また、リズム化された動作単位の持続を、リズム自体を変えることによって自己のリズムと他者のリズムに隙間を生み、そこに新たなリズムの産出を試行する契機をあたえることになる。その他、持続している動作単位の輪郭に変更を加え、他者の動作単位と自己の動作単位の間に隙間をつくる。これらの隙間をいかに活用するかという、他者と自己が追い詰められた状況のなかで、両者は何らかの気づきに基づき、新たな連動のための構成素を産出する。それにより両者の動作単位にお互いの動作単位が入り込み、前のカップリング・システムから自ずと新たな〝次の〟カップリング・システムへと移行することができる。動作単位産出の持続のどこに隙間を設けるかは恣意性をもたないように予め注意し、動作単位の輪郭、タイミングのずれが生じた時に、そのずれを隙間として活用し、動作単位に変更・変更を加え、試行し、他者の動作単位の産出条件に自己の動作単位が入ったことが確認できれば、その動作単位を反復する。自己の動作単位を変更しその動作単位が他者に入らず、または他者が動作単位を変更しその動作単位が自己の動作単位の産出条件とならない状態が試行のうちに繰り返された場合、隙間は両者の連動不可能性を拡大することから、自己と他者との隙間つまり隔たりをより大きくとることにより、そこから両者のカップリング・システムの起ち上げを新たに一から開始するように試みる。あるいはその隙間に別の第三者を参加させるなどの努力が求められる。以上の試行により両者の動作単位産出の持続のうちに〝次の〟カップリング・システムを起ち上げる可能性が向上する。

複数の他者によるカップリング・システムの持続においても、複数の他者同士の間に隙間をつくることが有効となる。自己が複数の他者との間で身動きが取れない場合、いわば連動が停止した状態ではゆっくり少しずつ接している者同士の間に隙間をつくっていく。それは動けなくなってしまった自己の存在を自由な状態へと開き移行する行為であり、連動を停止した他者の動きを感じ取りながら他者との間に隙間を開け、そこに他者の動作単位を受け入れつつ待ち、連動が停滞している者同士が自己の動作単位の選択可能性を再び拡大していく。その取戻しの過程、状態から新たな手掛かりを見つけ連動の持続を試行する。この身動きが取れない状態から自由を取り戻すまでの過程そのものが表現となっていることが少なくない。リセットそのものが創造的行為であり、表現として成立する可能性を持っているのである。

カップリング・システムを起ち上げている者同士の連動が過剰になった場合、リセットの後、自己が連動していた他者を〝別の他者〟に円滑に手渡し、新たな連動可能な他者とカップリング・システムを起ち上げるように差し向ける過程をデカップリングと言う。その場合、両者は新たに連動可能な〝別の他者〟に注意を向け、他者と〝別の他者〟の隔たりを調整しつつ〝別の他者〟と連動しやすい位置に配置し、他者と〝別の他者〟の動作単位を自らの動作単位産出の開始条件に入れ、それに基づき動作単位の産出を試行し、そこから他者と〝別の他者〟が連動する試みを開始し、カップリング・システムを起ち上げる。この起ち上げ過程において各人の動作単位の産出が滞らないようにすることが必須となる。

第5章 エクササイズの多様

本章においては参加者の実践した事実を記述し（各項【事実記述】に該当）、その実践内容について動作単位産出システムおよびカップリング・システムのメカニズムに基づく分析、及び存在論、実存論的な分析を行う（各項【考察】に該当）。その上で各項において取り上げた各参加者の経年変化を分析する。

第1節 即興ダンスにおけるカップリング・経年事例

第1項 Aさん（女性）

2010年、即興ダンスをする時以外Aさんはベンチに横になっている時間の方が、座っている時間よりも長く、眠っているときもある。即興ダンス遂行時の主な動作は、歩くこと、手でベンチやホワイトボード、壁など物を叩くことであった。歩く動作では、一人ではバランスが崩れるので母親が肉体を支えながら歩いた。手で物を叩く動作では、音そのものや他人の動きの持つリズムに強い興味を持ち、踊る最中も壁や椅子を一定のリズムで叩くことが少なくなかった。2011年より一人での歩行が可能になった。2011年には直進歩行のみであったが（①参照）、2012年には方向調整をおこなうことが可能となり（②参照）、2013年には、母親以外の他者と一緒に歩行するようになる。手をつなぐ、腕を組むといった他者との関わりも開始し（③参照）、2014年にはソロを踊

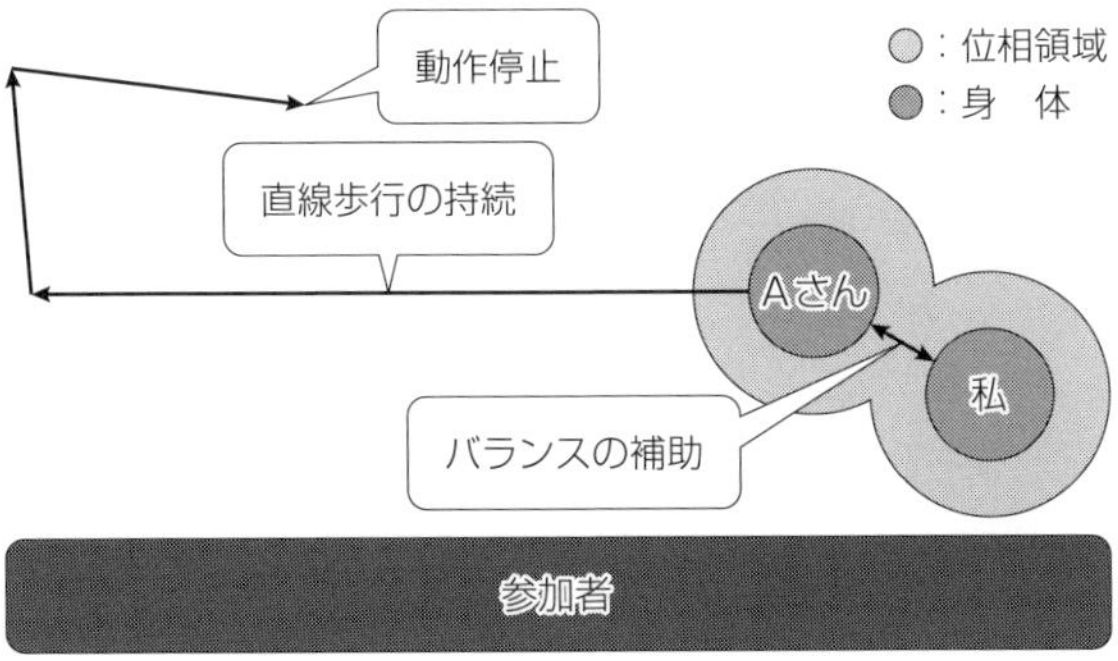

図４：Aさんと筆者のデュオ

出典：筆者作成.

ることも可能となった（④参照）。歩行における指向性、歩幅の選択可能性など、いわゆる歩行動作の調整能力が向上し、歩行時の安定感が増すことになった。それにより視界は安定し、眼差しにおける焦点化の選択可能性が増し、その結果連動する他者を選択する可能性が増した。現在では他者に向けて歩行する機会も増加している。

① ２０１１年

【踊り手】

Aさんと筆者が踊る。

【事実記述】

Aさんは一方の足を前に出し地面に着地させ、その着地した足の近くに他方の足を着地させるという動作を繰り返しつつ、まっすぐに歩いていた（図４参照）。筆者はAさんが一定のリズムで上記の動作を繰り返していることを手掛かりとし、筆者もAさんと同じリズムで、また床の音が大きく鳴るように床を強く踏みつけながら歩き、自らをAさんの横、約50センチに位置付けつつ、20メートル歩いた。Aさんのバランスが悪くなりかけた時は、Aさんの自主的な進行を妨げることがないように一歩の肌理、速さを合わせつつ、Aさんと筆者の肩、腕を接することでAさんの動作を支えながら歩いた。それにより筆者の一歩の肌理、足音のリズムも小刻みになった。20メートル先での右折時では肩と腕を接しつつAさんと筆者の起こす一歩の肌理、足音のリズムもさらに小刻みになった。右折した後Aさんは右折する前と同じリズムで25メートル歩いた。そして上記と同様の形で体育室の端を右折し、5メートル歩行を進めたところでAさんは動作を停止し、眠った状態となったので、筆者は後ろから手でAさんのおなかの部分を抱きかかえたまま立った状態でAさんの目が覚めるのを待った。約2分後Aさんは目が覚め、再び歩き始めたところで、筆者はAさんの前に立ち、対面でAさんの左の肩と筆者の右の肩を合わせ、二人の動作は止まった。

【考察】

筆者はAさんの真横50センチの場所に自らを配置し、Aさんの歩行が持つ一歩一歩の肌理、歩く速さ、Aさんのリズムを感じ取り、それらを筆者が模倣する形で、Aさんの動作単位産出の持続を手掛かりに、筆者自らの歩行という動作単位の産出を調整した。その時Aさんは筆者の環境となりつつ、相即する形でカップリング・システムを起ち上げた。右折をする際、双方の肩と腕を接触させ、筆者の存在を触覚により感じ取ってもらいながら、Aさんが進むだろう方向を予期しつつ、両者の動作単位産出の持続とカップリン・システムの起ち上げにより軌道という位相領域を形成した。筆者は右折においてAさんの歩く速さ、一歩の幅、動く時のバランスのとり方を手掛かりに、歩行姿勢のバランスが崩れることを回避すべく、下から上方向に力を入れる度合いを調整した。つまりバランスの保持において両者はカップリング・システムを起ち上げ持続した。Aさんは「まっすぐ歩く」感触以外に、方向を変える際に生じる運動感覚を感じ取りつつ、方向調整を可能にする配置、一歩一歩の肌理、方向、反復・リズム化の選択肢を拡大したとともに、それらの調整の仕方を学習したものと推測する。一方で筆者の関わり方はAさんの自立性、動作単位の選択可能性を制限する方向に働いていることも否定できない。Aさんに方向調整能力を十分発揮してもらいつつ、筆者自身も自立性を持ち、Aさんに依存、干渉し過ぎずに適宜バランス制御の手助けを行う必要がある。筆者はAさんとの関わりにおいて余白のとり方を固定していた。余白を設定する、つまり自らを適切な位置に配置する点において他者の動作単位の選択可能性を制限する結果を生んでしまったと推測できる。

② 2012年

【踊り手】

Aさんとダンサー1が踊る。

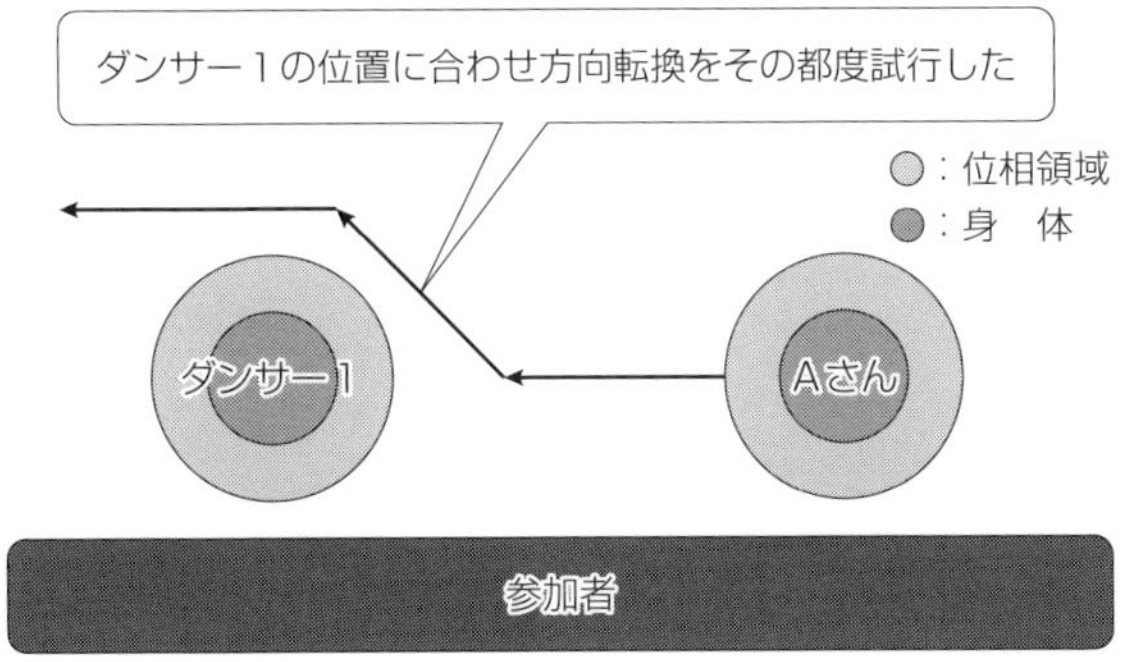

図５：Ａさんとダンサーのデュオ

出典：筆者作成.

【事実記述】

Ａさんは、全身の体重をかけて足を地面・床に落とすように一歩ずつ前に踏み出す。その動作を一定のリズムで繰り返し、まっすぐ歩いていた（図５参照）。ダンサー１はＡさんの眼前約２、３メートルに座り、進行の障がいとなり、Ａさんは体の向きを柔軟に変えつつ、動きのリズム、バランスを崩すことなく方向を変え、引き続き直進した。ダンサー１はＡさんが進む可能性のある範囲内、および視野内に自らを配置して座る動作を繰り返し、Ａさんはその手前２、３メートルあたりからダンサー１にぶつからないように蛇行しつつ直進することを繰り返した。２０１２年に比べ動作中の表情の変化は豊かになってきた。

【考察】

当時Ａさんはまっすぐ歩く動作単位のみ可能であった。Ａさんの「直進する」という動作への関わりにおいてダンサー１はＡさんの「障がい物になる」ように自らを配置し、Ａさんはダンサー１を「避ける」という動作単位の産出を反復し、ダンサー１はＡさんの進行可能な範囲、視野内において「障がい物になる」動作単位を反復する。それはＡさんが進行方向を自ら調整することを促すこととなり、両者はダンサー１の「障がい物になる」、Ａさんの「障がい物を避けて歩く」という動作単位においてカップリング・システムを起ち上げ、その連動の持続において、Ａさんは注意、運動感覚・内部感覚の感じ取り、予期、身体・運動イメージの形成、配置、肌理、隔たり、方向を調整し、歩行という動作単位を繰り返し、その都度の状況においてさまざまな気づきを学習したものと推測する。Ａさんは右記動作単位産出の反復を通じて方向調整を可能にする配置、肌理・角度の調整、反復・リズム化における選択肢が拡大し、さらに眼差しによる感じ取りという選択肢をそれまでの構成素と連動することが可能となり、結果として歩行という動作単位の選択肢を拡大したと推測する。Aさんの表情から本人の気分を感じ取ることは難しいが、表情が多様になることは、顔の緊張の度合いが低くなり、それにより気分の変容が露わとなり、以前に比べ表情が豊かになったと考えることができる。ダンサー1はAさんとの即興ダンスに集中し、恣意性を持つことなく、Aさんのできることを適切に見積もり、Aさんの自主性を封じることなく自らの役割を設定し、必然性をともなう形で自らを配置し、それによりAさんは緊張を伴うことなく歩行を遂行することができたものと推測する。

③２０１３年

【踊り手】

Aさんと筆者が踊る。

【事実記述】

Aさんはまっすぐ歩くのみならず、少しまっすぐ歩いては方向を変え、再び歩くという一連の動作を繰り返した。自分の思い通りに移動できる範囲も大きく広がり、積極的に歩行した。そこに筆者が近づいた。Aさんは筆者の顔をじっと眼差した後笑顔になり、筆者から手をつなぎ、次に腕を組んで歩き始めた。著者とAさんは歩くリズムとその歩幅を合わせせつつ、二人で歩き、およそ直径15メートルの円を二回描いた。

【考察】

筆者はAさんの歩くリズムに合わせることから開始した。その後、Aさんとの眼差しによる「接触」を契機に「ともに歩く」による連動が生じた。Aさんの動作単位が筆者に入り込み、筆者の動作単位がAさんに入り込んだ。接触による感じ取り、歩く肌理、リズムにおいてAさんの動作単位が筆者に入り込み、筆者の動作単位が「リズムに合わせて歩く」Aさんに入り込む。そして、Aさんと筆者の間に「ともに歩く」さ、「手をつなぐ」、「腕を組む」という新たなカップリング・システムが起ち上がった。Aさんは他者の動きに沿いつつ方向・角度調整を柔軟に遂行できるようになり、これまでに比べ他者との積極的な接触による連動も可能になっていた。動作の持続に他者と連動できるだけの安定性が確保され、それと同時に動作単位産出の持続の安定化により、他者をしっかり見ることができるようになったと推測する。以上二点から、Ａさんは他者とのカップリング・システム起ち上げの選択肢を拡大したと言える。その後、Ａさんに連動する他者を選ぶという選択肢も生じた。

④２０１４年

【踊り手】

Ａさんと筆者が踊る。

【事実記述】

筆者は、Ａさんの座る場所から10メートルの位置をＡさんの視野と思われる辺りを横切るようにまっすぐ歩く。筆者は、Ａさんがいつも行うリズムで、全身の体重をかけて足を地面・床に落とすように左右一歩ずつ踏み出し、リズミカルにそれを繰り返した。筆者は地面に杭を打ち込むように歩くことで、足音が強く鳴り、体育室に響く。その状態で10メートル歩き、左折しＡさんにいる方向に歩き始めた時、座っていたＡさんが突然勢いよく立ち上がった。そしてＡさんは筆者と同じリズムで、筆者に向けて歩き始めた。筆者は同じリズムを維持したままＡさんに近づきその動きに沿い、同じリズムで10メートル一緒に歩いた。そして左折し、Ａさんの腕に筆者の腕を絡めてみるとＡさんも筆者の腕に絡めた。その状態で15メートル歩き、窓の前に到着する。Ａさんは自立した状態で歩いていた。Ａさんの表情は常に楽しそうに見えた。Ａさんは窓の外に眼差しを投げかけ、筆者も同じように窓の外を暫く眺めた後、再びＡさんが座っていた方向に両者は歩き始め到着したが、岩下氏がＡさんに一人で踊るよう指示した。Ａさんは一人で体育室の中央に向けて歩き始め、再び同じ窓のところに行き、窓の枠を楽器のように鳴らした後、楕円を描く形で歩き続け、母親のいる元の場所に戻って行った。Ａさんによるソロは初めてであった。

【考察】

筆者はＡさんの視野内で「歩く」、「一定のリズムで足音を鳴らす」という動作単位を維持した。Ａさんが立ち上がった時点で右記二つの動作単位におけるカップリング・システムが起ち上がり、両者ともお互いに並んで歩き、それらに「手による接触」、「腕を組む」という動作単位による連動が加わり、「ともに歩く」という連動を持続した。Aさんはリズム感がよく、打楽器演奏を行うことから、「演奏する」と「歩く」は地続きであり、Aさんにとってリズムは他者と連動する手掛かりのひとつであると考えられる。Aさんはリズムを基調にした自らの位相領域を形成した。最初筆者自身の歩行により生じた、一定リズムの音、振動の感じ取りによって、Aさんの動作産出システムのうちに入り込み、気分を活気づけカップリング・システムが起ち上がったと考えることもできる。デュオにおいてAさんはこれまでも主体的に一人の個人として動作していたが、それをソロによる身体表現作品として成立させることができる段階に至ったものと推測した。

運動障がい等を持つAさんにおいて〝できる〟ことは歩行という動作単位である。動作単位産出の経年変化をみても明らかなように、Aさんは歩行による移動に関連する調整、つまり歩幅調整、方向制御、歩行動作の反復・リズム化のための調整、バランス保持の調整を2011年より継続的に学習し能力として獲得した。2013年には、調整能力の発達とともに姿勢を保持する能力が高まり、頭部の揺れも少なくなり、頭部の安定度が増すことにより、歩行中における眼差しによる他者や物の選択的注意や感じ取りが可能となった。2014年には、他者との歩行によるカップリングに関連する調整、つまり他者との衝突を避けるための予期、他者と接しながら、あるいは並んで歩くなど、他者の動作単位を自ら引き受け、その動作単位を手掛かりに他者とカップリングするための調整能力も学習した。2015年にはただ歩行するのではなく、その歩行が表現として成立するようになった。

上述の歩行における、カップリングするための調整の学習では、他者の配置が自己の位置の調整および移動に関連する調整の前提条件となる。他者はAさんが歩行により進むことが可能と予期しうる経路のうちに自らを配置し、Aさんの動作単位産出システムにその他者の配置という動作単位が入り込む。この相互の位置を開始条件とした配置という動作単位の繰り返しのうちに、歩行はおのずと遂行され、他者の配置の移動に合わせAさんの配置も自ずと移動することにより、移動に関わる様々な調整、つまり歩幅調整、方向制御、歩行動作の反復・リズム化のための調整、バランス保持の調整を目的とした力の入れ具合の調整における選択をその都度の状況に合わせて遂行する。Ａさんはその調整内容を経験し、学習することを繰り返し、その結果自らの調整能力を発達させるのである。そして、上述したように歩行の安定に伴う頭部の安定により、一定方向への眼差しの持続、眼差しの方向の選択が可能となり、それにより他者との関わりの契機が増し、眼差しにおける他者との連動も積極的に行うことが可能になるとともに、気分、感情への触発も活発なものとなったと考える。

また、Ａさんの歩行のリズムは心臓の動くリズムに近く、規則性を持っていた。そのリズムの規則性は他者にとって、連動の手掛かりとなっていた。また、即興ダンス遂行時における他者と接触する機会が年々増加し、接触という動作単位の選択の幅が増え、その接触は自然であり、また依存するのではなく自立的に適応していた。

Ａさんに現れた効果を上げるには他者とＡさんの連動が必須となる。筆者はＡさんの事例から他者のカップリングの仕方として①隙間づくり、②模倣、③反復を導き出し、他者とのカップリング・システム起ち上げの形態として①誘導・応答、②同調を導き出した。２０１１年の事例においては、Ａさんと他者の接触と隙間づくり、他者によるＡさんの動作単位の模倣、Ａさんと他者による動作単位の反復から、両者は同調する形でカップリング・システムを起ち上げた。２０１３年の事例では、Ａさんと他者の隙間づくり、Ａさんと他者による動作単位の反復から両者は誘導・応答する形でカップリング・システムを起ち上げた。２０１４年の事例では、Ａさんと他者の隙間づくりから誘導・応答、同調する形でカップリング・システムを起ち上げた。１年後２０１５年の事例では、他者によるＡさんの動作単位の模倣、Ａさんと他者による動作単位の反復から、両者は同調する形でカップリング・システムを起ち上げた。

第2項　Bさん（女性）

「Bさんと最初に会ったとき、両腕を痩せた身体にぴったりと巻き付けるようにくっつけ、10センチくらいの歩幅で少しずつ歩いていた。私はBさんの動きと表情から緊張の強さを感じ取った[339]」。Bさんのワークショプでの主な動きは「立つ」こと、「自分の位置を変える」ことであった。表情に変化はなく、眼差しは一定の方向を見つめていた。その一方でBさんからは強い存在感、立ち姿の美しさを感じ取ることができた。その強さの由来はその姿にAさんの自分を露わにするという意味での正直さ、誠実さ、素直さであり、その結果Bさんの緊張の強さ、存在感が直接伝わってきたものと筆者は推測した。

２０１０年、Bさんは全身が緊張し、立つこと、小さな歩幅で少しずつ歩くことはできるが、他の動作単位をワークショップで見かけることはなかった。ワークショップの最中も無表情で立ったままの状態が多かった。両掌を腰の前あたりに肉体から離した状態で固く握っていた。他者が介入しようとして、Bさんの目の前でいろいろな動作をしたり、Bさんの肉体に触れたりしたが、それらへの反応はほとんどなかった。２０１１年より他者に向けて歩く経験を経て（①参照）、他者と関わる経験が豊かになり（②参照）、手の緊張も取れ始め（③参照）、他者との関わりにおいて動作を産出することも可能になった（④参照）。２０１１年、歩行における方向、歩幅の選択可能性の幅は狭かったが、その後の歩幅の拡大とともに、歩行の選択可能性が拡がり、歩行という動作単位の制御が向上するとともに、他者に関わる姿勢が開かれるとともに関わりそのものも積極的になり、関わる他者の人数が増え、カップリング・システムの起ち上げにおける他者の選択可能性、カップリング・システムの起ち上げ方の選択可能性も増えた。

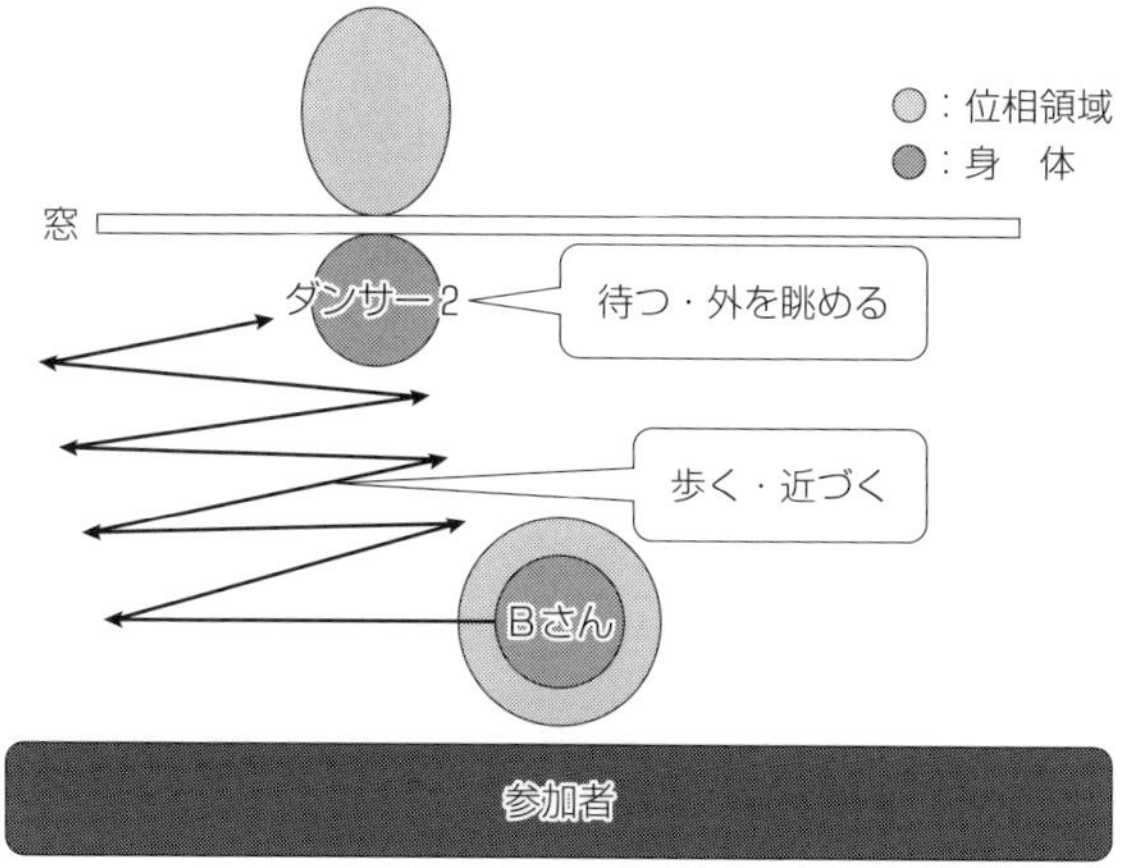

図6：Bさんとダンスセラピストのデュオ
出典：鈴木（2020：125）を筆者修正.

①　2011年

【踊り手】

Bさんとダンサー2が踊った。

【事実記述】

最初Bさんは横50メートル、縦25メートルの体育室中央に立ったまま動かなかった。ダンサー2はBさんに向かって歩いて行き、Bさんを通り過ぎ、体育室の窓際に立ち外を眺め始めた（図6参照）。ダンサー2が立った位置は、Bさんが直線で15歩くらい歩いて近づくことができる距離であった。Bさんはダンサー2のほうを向きゆっくり歩き始めた。Bさんはダンサー2の立つ位置の方向にまっすぐ歩みを進めるのではなく、Bさんとダンサー2の間にある特定の位置に向けまっすぐ歩き、たどり着くと再びBさんとダンサー2の間にある別の特定の位置に向けまっすぐ歩くという動作を繰り返しつつ、徐々に接ぎ木をするように近づいていった。そして、Bさんはダンサー2のところに到達し、二人は横に並び、外を一緒に眺め始めた。

【考察】

ダンサー2はBさんの視野の内に自らをまず配置し、体育室の「外を眺め続ける」ことで、Bさんの歩行を促す結果となったがその行為自身、ダンサー2は恣意的に行ったものではなく、自ずと自ら行ったものであった。Bさんは見ることが好きであることを手掛りに「外を眺め続ける」ことで意識する以前に動作単位を産出させ、それが連動の契機となったと考えられる。ダ

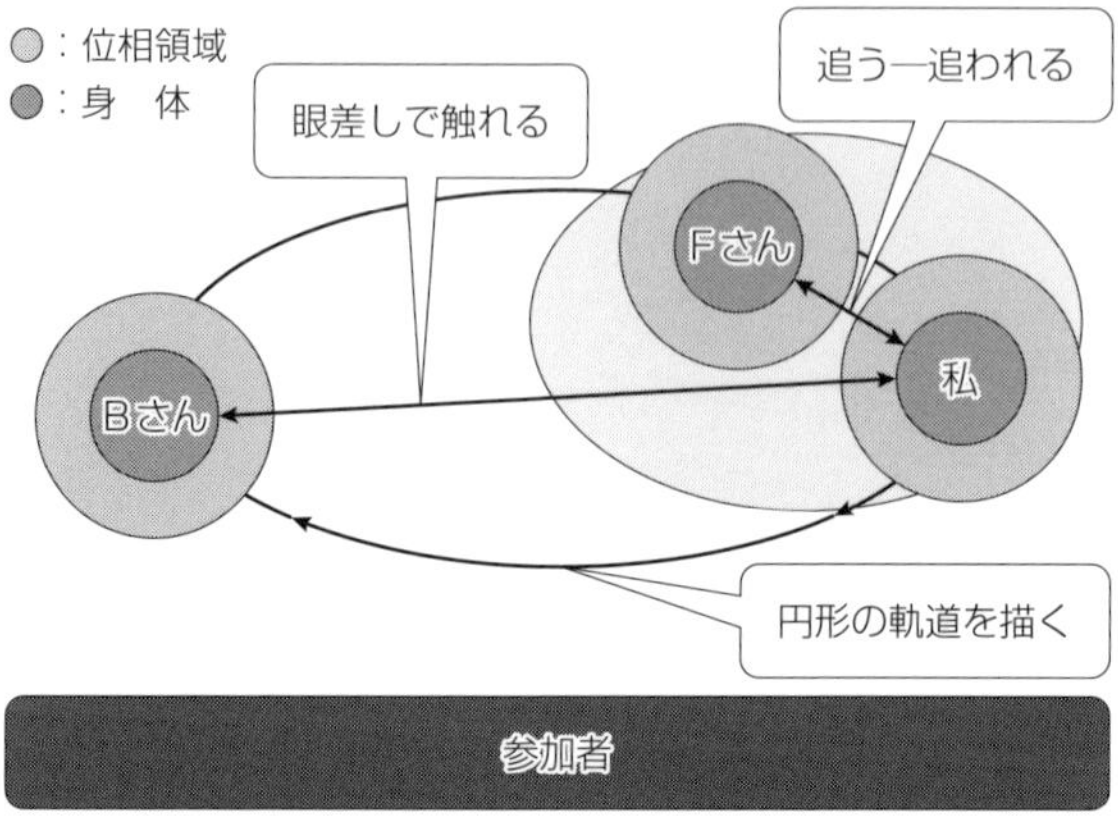

図7：Bさん，Fさんと筆者のトリオ
出典：鈴木（2020：127）を筆者修正.

ンサーは歩き始めたBさんを察しつつ、「外を眺め続けた」。この動作単位はBさんを「待つ」という動作単位でもありうる。そして「待つ」という隙間のうちにBさんはダンサー2への接近を開始した。その時点ですでにカップリング・システムは起ち上がっていたと推測する。ダンサー2の「外を眺め続ける」という動作単位がBさんの動作に入り込み、ダンサー2にはBさんが近づくべく「歩みを進める」という動作単位がダンサー2の動作に入り込んでいた。Bさんは肉体を緊張させた状態で移動を行う。ダンサー2に「眼差しによる接触」を遂行しつつBさんは直線で近づいていった。Bさんは一つの軌道を終えるごとに、新たな軌道を決め、「外を眺める」位置に自らを近づけていった。Bさんの短い歩幅、規則的な動作単位は肌理細かった。そして、Bさんがダンサー2の横に自らを配置し、外の眺めを見始めた時、「外を眺める」という新しいカップリング・システムが起ち上がったのである。

②2012年

【踊り手】

Bさんと男性Fさんと筆者が踊った。Fさんはふいに特定の単語や短文を連呼する特性を持ち、踊りに興味が強く、積極的に踊る。

【事実記述】

Fさんは声をリズムカルに出しながら両手の人差し指で筆者を突くような動作をしながら追い、筆者は追われつつFさんの両手の動きと声に反応して動いた（図7参照）。Bさんは無表情でときどき二人の動きに眼差しを送りながら立ったままの状態であった。その表情、立ち姿から、不安な気分を持ちつつ、肉体も緊張状態にあると筆者は推測した。筆者はＢさんの眼差しと関わりつつ、Ｆさんに追われながら、Ｂさんを起点に、Ｂさんの視界内と思われる範囲を体育室いっぱいに円形の軌道を描く形で一周し、Ｂさんの眼前に戻り、目線と目線を合わせる試行を繰り返した。筆者は上記の試行を三回続け、四回目にＢさんの眼前に戻った時、Ｂさんの目が突然大きく開き、表情が大きく変貌した。筆者はその状態で移動を止め、Ｂさんの眼前でソロを踊り始めた。Ｆさんは筆者の近くで自分なりの動作を始めた。その後ＢさんはＦさんの目の前に行き、しきりに眼差しを向け続けた。Ｆさんは筆者を眼差し、筆者はＢさんを眼差し、三者は相互の隔たりを変えることなく動き続け、岩下氏の合図で動作を終了した。

【考察】

筆者は意識する以前に「追われる」、「音に反応し動く」かつ「円形の軌道を描く」という動作単位を産出し、Ｆさんが筆者を「追う」、「リズミカルに声を出す」という動作単位との関係において両者はカップリング・システムを産出した。後に「血を吸われそうになって逃げ回る者」と筆者が呼ぶ表象イメージ、筆者、Ｆさん、Ｂさんとの関係における「軌道上の地球」（Ｆさんが月、Ｂさんが太陽と設定）という表象イメージとそれらに基づく身体・運動イメージを産出することで、動作単位、役割と場面を設定し、位相領域を形成した。「追われる」、「音に反応し動く」という動作単位は表象イメージ「血を吸われそうになって逃げ回る者」から産出され、「円形の軌道を描く」という動作単位は表象イメージ「軌道上の地球」から産出されている。Ｆさんと筆者がひとまとまりになってＢさんに近づいていき、また離れていく過程において、Ｂさんに「目線を投げかける」という眼差しによる接触を頻繁に遂行することでＢさんと緩く連動していたと推測した。三者は以上の動作の持続を体育室いっぱいに四周分繰り返した後、Ｂさんの目が突然大きく開き、表情が大きく変貌した。この時点で三者のカップリング・システムが起ち上がったと推測する。そして、ＢさんはＦさんと筆者の動きに注意を向け続けた。その直後、Ｆさんと筆者によるカップリング・システムは消失し、三者は独立した動作を各人が開始した。ＢさんがＦさんを、Ｆさんが筆者を、筆者がＢさんを眼差し続けるという眼差しによる接触による新たなカップリング・システムが起ち上がったと推測する。

本事例では筆者とＦさんはＢさんの視野内を移動し続け、常に眼差しによる接触が可能な状態が生じた。Ｂさんも筆者とＦさんを眼差しで接触し続ける。その接触の持続により、Ｂさんの目の表情が驚きの眼差しへと移行し、ＢさんとＦさん、筆者による新たなカップリング・システムが産出されたのである。興味深いのは、ＢさんとＦさんが連動した途端、従来のカップリング・システムが消滅し、間髪入れず三者の動作単位が変わったことである。それまでの二者による親密なカップリング・システムは三者による社会性を帯びたカップリング・システムへと移行したと考えられる。

③２０１３年前半

【踊り手】

Bさんとダンサー3が踊った。

【事実記述】

ダンサー3はBさんの前に立ち、両手の指をBさんの指に触れるくらいの位置に置き、指の関節を使いながら、様々な肌理の細かい動きをゆっくり丁寧に行なって見せていた。しばらくするとBさんもそれに合わせ指の関節を使いながら様々に動かした。それを両者は行い続け、指、手、腕の動き、立ち姿において様々な輪郭が生まれた。その状態からダンサー3は両手をゆっくり上に向け外側に広げるようにゆっくり上げていった。Bさんもそれに合わせ、ゆっくり両腕を上げた。両者は腕の上げ方を三種類行なった後、両腕を下げた。

【考察】

ダンサー3は、Bさんの指の動作の細かさにおいて連動を試みた。Bさんは指の動作の肌理に合わせてそのダンサー3が持つ細かい肌理の動きを試行した。Bさんとダンサー3はその動きに注意しつつ、眼差しによる感じ取りと指の動きの肌理が接近した状態においてBさんは動作単位を産出し始めた。両者は様々な指の動作単位で形成された様々な輪郭を産出した。数分その連動を維持した後、ダンサー3は「両手をゆっくり上に向け外側に広げる」動作を開始した。Bさんもその動きに連動し、「両手をゆっくり上に向け外側に広げる」動作を遂行するという形で連動し、ダンサー3とBさんは3タイプの輪郭を産出した。ダンサー3は、Bさんの指の「動作の肌理」の細かさに自らの指の動作単位の肌理を連動すべく、指への力の入れ方や方向、指が動く速さに細心の注意を払い、Bさんの指の動きを眼差しにおける感触により受け取りつつ、自身の運動感覚・気づきを得ようと試みた。その結果、両者の肌理が接近したことで両者の間にカップリング・システムが起ち上がり、両手を広げる動作単位による連動への移行を可能にしたものと推測する。

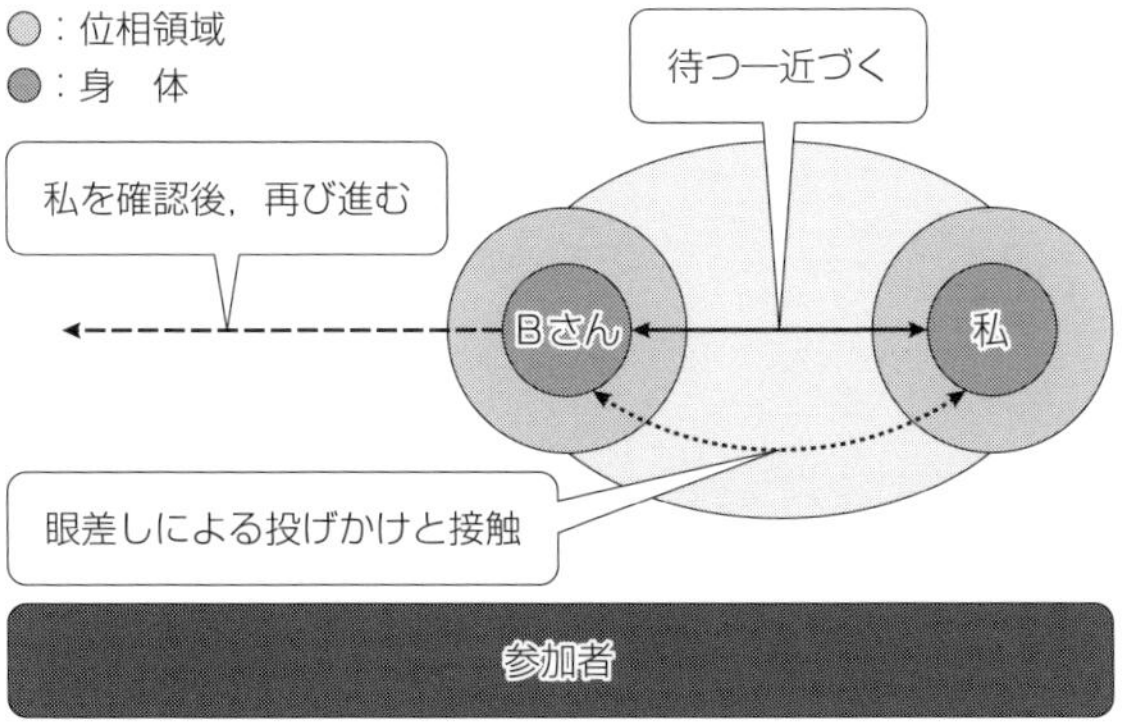

図８：Ｂさんと筆者のデュオ

出典：鈴木（2020：129）を筆者修正.

④ ２０１３年後半

【踊り手】

Ｂさんと筆者が踊った。

【事実記述】

Ｂさんと筆者は並んで立っていた。最初にＢさんが歩き始めた（図８参照）。筆者はＢさんが約５メートルに進んだ時、Ｂさんとの距離を一定に保ちながら同じ方向に同じ速さで歩き始めた。しばらくしてＢさんがさらに約５メートル先の位置で歩みを止め、筆者も歩みを止めた。Ｂさんは後ろを向き、目線を筆者に数回投げかける。筆者は歩く速さを上げ、その隔たりを埋めていった。後ろを向きＢさんは止まったままとなる。そして筆者がＢさんの位置に辿り着くと、Ｂさんは筆者と目を合わせ、再び歩き始めた。筆者はＢさんの後ろを、間隔を保ち同じ方向に、その背中を見ながら、最初と同じ速さで歩み始めた。そしてＢさんは先程と同様に約５メートルの地点で止まり筆者へ眼差しを送る。筆者も先ほどと同様に歩く速さを上げＢさんの場所に辿りついた。そして両者は再び目を合わせる。再びＢさんは歩き始めた。その後、以上の動きと眼差しによる接触をもう一度繰り返した。その時Ｆさんから「父と娘」という言葉が３回連呼された。Ｂさんと筆者が右記の過程を４度繰り返した後、この反復を止めるため、筆者は右手をＢさんの左肩の上に置いた。Ｂさんの動作が止まり、岩下氏の掛け声により終了した。終了直後、Ｂさんより「ありがとう、楽しかった」との言葉が発せられた。

【考察】

筆者はBさんと一定の距離をとり自らを配置し歩くことで、Bさんからなんらかの動作単位が現れることを待った。Bさんは自ら5メートルという隔たりにおいて歩行を停止させ、それを繰り返した。Bさんの後ろを一定の距離を開けて歩きながら、Bさんの動きを模倣することから開始した。そして、後ろに位置する筆者に、「目線を投げかける」というBさんの動作単位が産まれることによって、筆者の動作単位は「歩く」から「追う」へと移行していった。そしてそれを反復することにより、「待つ―近づく」というカップリング・システムが両者の間に起ち上がり、両者の間隔の距離、Bさんに辿り着くまでに経過する時間、歩く速さ、位置の調整が注意すべきこととして前景化した。それと同時に「眼差しの投げかけ」、「眼差しによる接触（目を合わせる）」の反復により、「見る―見られる」というカップリング・システムも同時に起ち上がっていた。つまり右記三つの構成素における複数のカップリング・システムが同時に重層的に起ち上がるのである。そして、他者から投げかけられた「父と娘」という表象イメージを手掛りに、筆者はBさんの肩に手を載せるという動作単位を産出し、数秒手を載せ続けることでBさんの反復はとまり、複数のカップリング・システムは消滅した。筆者は前を歩くBさんの歩く速さ、一歩の幅、動く時のバランスのとり方、Bさんとの距離感を感じ取りつつ、両者の位置、距離、近づくまでの時間、そのための歩く速さを予期しながら、動作単位の産出と持続を調整した。Bさんは「待つ―近づく」というカップリング・システムにおける構成素を筆者との関わりのうちにBさんの仕方で産み出していた。そこには「眼差しによる接触」があり、それにより両者の連動の強度を両者は感じ取っていたと推測する。筆者は隔たりを一定の距離に保つことでBさんの歩く速さを感じ取った。Bさんは「目線の投げかけ」を行うことで、筆者との距離を感じ取り、また筆者に注意を向けていることを筆者に推測させた。そしてBさんが両者の動作の連動そのものにおいて「楽しい」という感情、「信頼」、「安心」、「親密」という気分を持ったと推測した。

⑤２０１４年

【踊り手】

Bさんと筆者、ダンサー4が踊った。

【事実記述】

Bさんの横に筆者は立ち、前で指を細かく動かしてみたが、Bさんは関心を持たなかったので、背中にまわり、ピアノを弾くような動作の輪郭と細かなリズムで背中への接触を試みた。Bさんの両肩から下にその動作をだんだん下ろしていく。筆者は振動という動作、小刻みな足踏みを開始した。筆者はBさんの表情、Bさんの動作における反応に注意しつつ快か不快を感じとるよう試みながら、背中への刺激を調整した。上記の試みを右側に集中すると少しずつ前進し始め、歩みの速度を早めたと同時にお腹から出るような大きな笑い声を出し始めた。Bさんは隣で踊っていたダンサー４に向かけて歩みを進め、両腕を高く上げ、両掌を全開にしてそのダンサー４に接触していき、そのダンサーも両腕を高く上げ、両掌を大きく広げ振動させつつ接触し、両者は掌による触れあいを開始した。その間Bさんは始終笑顔で時折高めの声をあげた。その時点で、Bさん、筆者とダンサー４は触れる、触れられる動作を繰り返しながら、自ずと袖にはけていった。

【考察】

Bさんの「眼差しへの接触」による連動を試みたが反応がなかったため、背中と指を通じた「触れる―触れられる」という動作による両者の連動を試みた。Bさんは指の振動により「触れる」という動作単位の持続を拒否することなく、顔の表情が笑顔であり続けたため、他者に「触れられる」という動作単位を許容しているものと筆者は判断し、「触れる」という動作単位を持続した。Bさんと筆者は少しずつ前進し、Bさんとともに隣のダンサー４に向かって近づいていき、Bさんとダンサー４は向かい合い掌で「触れる―触れられる」という動作単位を開始した。Bさんの背中へ振動という刺激を持続する上で、過剰な刺激とならないようBさんの表情と前進する状態を手掛かりとした。Bさんのダンサー４に向かう方向調整はBさんの選択であり、向かっていったダンサー４との間に「触れる―触れられる」というカップリング・システムが起ち上がった。ダンサー４との連動時、Bさんの動作の輪郭、特に掌を全開する動作単位の強度はこれまで見たことのないものであり、Bさんの他者への開かれにより進んだものと推測した。

Bさんは、２０１１年以前から動作を含む身体全体の緊張が強かったため、２０１２年には緊張した状態のままで他者は連動を試みていた。動作による連動はなかなか生じなかったが、眼差しにおいて他者と連動している可能性があると推測できた。さらに他者との関わりにおける自己の配置の仕方、他者と自己の隔たりはこういう言い方が許されれば〝丁度よさ〟をもち、Bさんにとって他者に近づきやすい場所に自らを位置づけていた。Bさんの短い歩幅、規則的な動作は肌理細かく分節されている。また、Bさんは眼差しを他者や周辺の物に頻繁に向け眼差しにより周囲によく注意をはらっていた。以上の点が三年前のBさんの〝できること〟であり、Bさん固有の特徴であった。二年前Bさんは二人の他者によるデュオの移動に眼差しを向け続け、デュオの一人（筆者）も眼差しを向けることを繰り返し持続する過程でBさんの眼差しに驚愕の様相が生じ、驚愕の眼差しで筆者を見始めた。その時、強い強度を持つカップリングが生じていた可能性がある。それを契機としてBさんは硬直し立ったままの状態からデュオのFさんの前に立つに立つという状態に移行し、その顔を積極的に見る動作単位が産出された。この時点で緊張は先ほどに比べ和らいでいた。他者との強い連動をBさん主導で産出し、Bさんはそれを経験し感じ取った。2013年には他者との連動において「自己が待つ―他人が近づく」というカップリング・システムの構成素を産み出し、その際両者が歩行する距離、両者の隔たりはほぼ一定であり、その構成素による連動を反復した。これらの行為を通じて、Bさんの自己治癒となったのは何だったのか。それは緊張の軽減であり、それによる動作単位の選択可能性の拡大である。そしてそれを可能にしたのは、他者との連動における情態性、気分づけという触発であると推測することもできる。顔における緊張の緩和は目に見えて変化した。2013年においては笑顔が増え、他者との関わりにおける態度も積極的なものへと移行した。情態性、気分づけの移行が積極的な動作単位の産出に結びつき、結果として動作単位の選択可能性も拡大したものと考えられる。

第3項　Cさん（男性）

Cさんは、2010年ワークの間中ワークショップ参加者全員を囲むように常に歩いていた（①参照）。他者との関わりを持たなかった。休憩中、目を閉じ横になっている参加者を覗き込んでいた。ワークショップの最中、ずっと歩き続けるCさんに接触などにより関わろうとしても、それに応えることはなかった。顔は始終無表情だった。2011年より参加者の群れの中に入って歩くようになり（②参照）、2012年より特定の他者と手をつなぎ歩くようになる（③参照）。他者の誘導にしたがい、他者と手をつなぎながら参加者の内側に入っていき、いろいろな軌道を作りながら歩き続けるようになる。手をつなぐ他者の人数もワークショップを重ねるごとに増えていった。2014年は、Cさんとほか二人で手をつなぎ、歩く以外の動きを行う。三人で手をつなぎつつ移動しつつ、円を描く等の動作をおこなった（④参照）。さらにこれまでCさんは他者の誘いに応じる形で他者との連動を遂行していたが、自ら他者との関わりを自主的に遂行するようになった。ワークショップにおいて他者と関わる機会が増え、肉体による接触も行うようになり動きも柔らかくなるなど動作単位の選択可能性が増すとともに、他者の動きへ介入する仕方やタイミングの調整ができるようになった。表情は2010年に比べ豊かになり、不満な表情や笑顔をするようになり現在に至る。

①　2010年

【踊り手】

男性Cさんが踊る。

【事実記述】

Cさんは毎回のワークショップにおいて、常に参加者全員の外側を縁取るように、ほぼ楕円形に歩いていた。他の参加者がCさんの前を横切ったり、周囲を何度も回ったりしたが関わることなく、歩く方向を変更することなく、デュオに移行することはなかった。ワークショップの最中、顔の表情を変えることはなかった。

【考察】

Cさんは参加者全員の外側を「歩く」という動作単位により位相領域を形成し続けた。Cさんにとって参加者全員は環境であり、そこでソロを遂行していたと言うこともできる。筆者やダンサーが連動を試行したが、筆者やダンサーの動作がCさんの動作に入ることはなかった。自らを参加者全員の外に「配置」し続けたと考えることもできる。Cさんは他人と皮膚接触など直接的な接触を持つことなく、動作単位の選択は他の参加者の外を縁取るための歩行のみであると推測することができる。他の参加者はCさんにそれ以外の関わりを産み出すべく手掛かりを見つけ、投げかけることはできなかった。

② 2011年

【踊り手】

男性Cさんが踊る。

【事実記述】

Cさんはこれまで参加者全員の外側を縁取るように歩いていたが、踊る参加者たちの内側に入っていき、一定速度で人を避けながらいろいろな軌道を作りながら歩き続けた。他の参加者と接触する機会が増えた一方で、他者の参加者による関わりの試行に応じることはなかった。歩いた軌道は曲線や8の字状が多かった。それ以降、この動作を毎回のワークショップで遂行するようになる。ワークショップの最中、顔の表情を変えることは殆どなかった。

【考察】

Cさんは、参加者全員の内部に自らを「配置」し、歩く方向を調整しつつ、「歩く」という動作単位を産出することを繰り返した。参加者全員の外部を歩くことに比べ、より多くの方向調整を細かく行う必要があり、それら能力は向上したものと推測する。また、他者の肉体が接触する機会が増えるため、その感触を感じ取ったものと推測できるが、他者の動きとのカップリング・システムの起ち上げには至らなかった。

③２０１２年

【踊り手】

Cさんと筆者が踊る。

【事実記述】

Cさんは特定の他者と手をつなぎながら歩くようになる。筆者と手をつなぎながら歩く。踊る参加者たちの内側に入っていき、人と人の間をいろいろな軌道を作りながら歩き続けた。手をつなぎ続けることで、感触、体温、手を握る強さが変化する。汗が出ても手を握り続けている。筆者とCさんの眼差しに入る風景は変化し続けるが、歩く速さは一定である。この動作を毎回のワークショップで遂行するようになる。この頃より笑顔が出てきた。

【考察】

Cさんはワークショップにおいて、他者と「ともに歩く」という動作単位に、他者との「手による接触」という動作単位を連動し、「配置」、「肌理・隔たり・方向」、「反復」においてカップリング・システムを起ち上げた。それにより他者の動作に合わせる、そして他者の動作を誘導するという他者との連動を産み出しつつ、筆者とともに様々な風景を、「眼差しによる接触」のうちに享受する。その連動においてみずからの位相領域を形成し反復した。

筆者はCさんに他の動作単位を試行したが、Cさんは動きを変えることなく、右記動作単位を持続し続けた。動作単位の選択可能性を広げるための手掛かり、Cさんの動作に介入する隙間を見つけることはできなかった。

④２０１４年

【踊り手】

Cさん、Dさん、筆者が踊る。

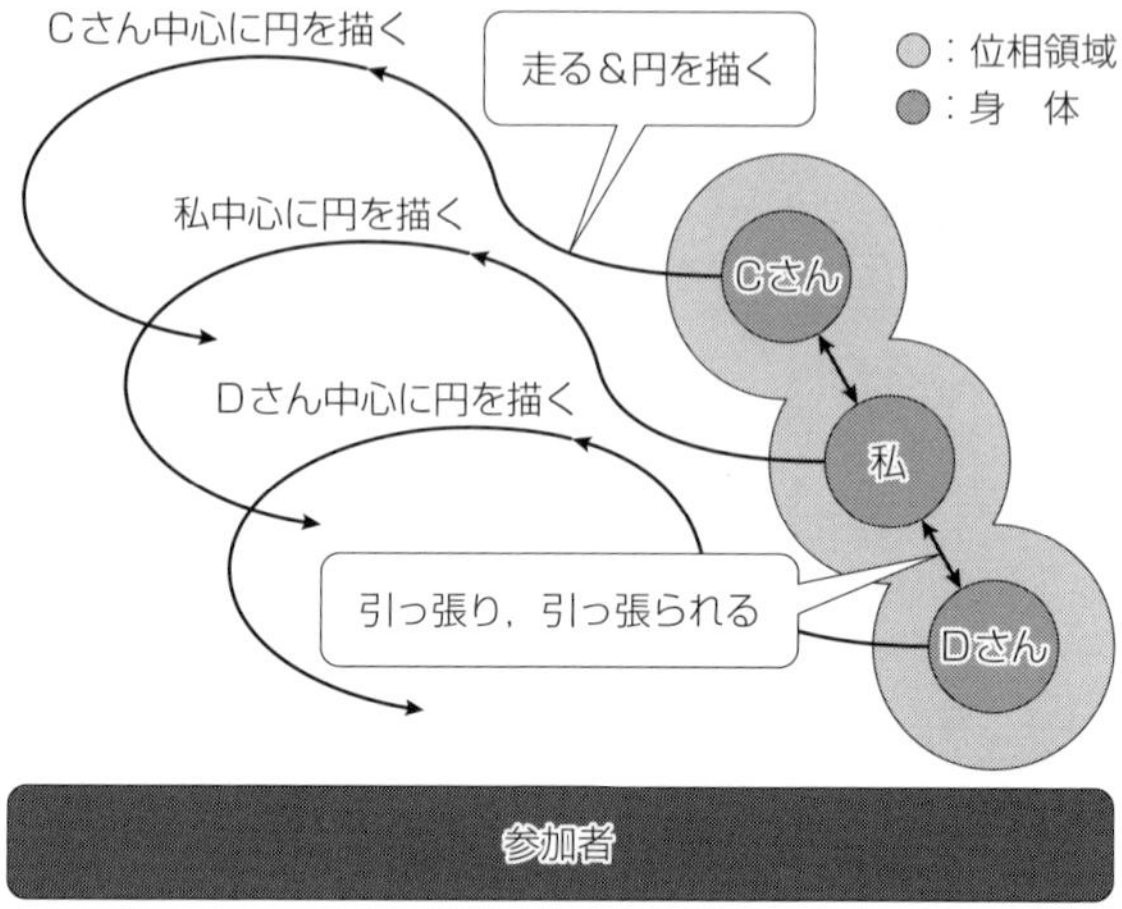

図9：Cさん，Dさん，筆者によるトリオ

出典：筆者作成.

【事実記述】

Cさん、筆者、後述のDさんの順で手をつなぎ、方向を決めることなく移動する。端の人が中心になり円を描く（図9参照）。筆者を中心に他の二人がその周囲を回る等の動作をおこなった。上記の動作の遂行が三人で可能となるべく、筆者は二人の位置、動作する方向や速度を感じ取りつつ、自らを位置づけながら移動した。移動の途中筆者が止まったり、動きの速さを上げたり落としたりして、手をつないだ三人による一つの列が各人それぞれが中心となりつつ複数の形態、空間を作り出した。三人が連動しひとまとまりになりつつ、他の二人に対応しつつ空間を起ち上げた。10分近く動作を持続し、その最中Cさん、Dさんは活発に動き、三人の笑顔が持続した。

【考察】

三人は「手をつなぐ」、「引き合う」、「移動する（停止することを含む）」という構成素でカップリング・システムを起ち上げた。三人で連動することを可能とすべく、他の二人の位置と動作する方向や速度を感じ取りつつ、自らの配置、移動方向、移動速度（停止を含む）を調整しながら、その都度、円形の軌道という位相領域を形成した。動作の方向や速さに予測がつきづらい状態であり、各自に負担がかかる場面があったが、その都度の各自の調整により連動が可能となった。動作の展開が持続することにより、想定外の空間が形成され、それが三人の活発な動き、笑顔の誘発に結びついたと推測できる。

Ｃさんは２０１０年、他者の集まりを境界づけるように、他者の外に自己を置き、「歩く」ことによってその「境界を縁取る」という過程を繰り返していた。顔は無表情であり、情態性において不安でも退屈でも活気づけられてもいない状態であると筆者は推測した。２０１１年には他者たちの群がる中に入るようになり、歩行における動作単位の選択可能性が拡大した。それにより他者と他者の隙間を歩くという過程を通じて他者との接触可能性が自ずと出てくるが、Ｃさんはそれを許容し、他者に接触する契機を持つようになった。「歩く」という動作単位の選択肢の拡大とともに、他者同志の隔たりの間に自分を「配置する」という選択肢、配置の可能性が新しく生まれた。二年前には、他者との接触可能性、配置の可能性の向上を経て、「他者の歩行に合わせて自分も歩行する」、「他者の動作を誘導する」という連動が生じた。そして「手をつなぐ」という連動も開始し、他者との連動可能性、接触可能性の選択肢が増した。この頃には笑顔や退屈、不安な表情をするなど情態性、気分が出てきたものと推測する。２０１４年には、配置調整、方向調整、速度調整それぞれにおいて、状況適応とそのための肌理細かい調整能力が進んでいるものと筆者は実践において見立てている。ただし他者の動作に連動することを自分の気分にあわせて行うため、他者の動作単位を手掛かりに〝次の〟動作単位を産出することが難しい。一方で、こちらが新しい形の移動の仕方により誘導するとそれを了解し、自己の動作をそれに合わせ、気分も活気づけられた状態となる。三人で踊るトリオにおいても他の二人の動作を自らの動作に受け入れるようになったことから複数の他者との連動可能性も生じ始めている。

第４項　Ｄさん（男性）

Ｄさんは他者との関わりに積極的である一方、他者とじっくり関わることは少なく、いろいろな人と少し関わっては離れていくことを繰り返す傾向を持っていた。また人と人を結びつけようとする気遣いを頻繁に行う傾向を持っていた。Ｄさんは立ち姿が美しい。デュオやトリオで踊るという場面への適応は困難であった。２０１２年から他者の近くに居続けるようになるが視線は他者に集中することなく、その後、徐々に他者に集中し始め（①参照）、２０１３年は他者に集中し模倣を中心とした動作を行うようになった（②参照）。「他者に集中する」という選択肢を習得し習慣化することで、他者と連動する開始条件を得ることができ、模倣という形でのカップリング・システムの起ち上げが可能になったと推測する。２０１４年には隔たり、接触により他者とカップリング・システムを自主的に起ち上げることが可能になった（③参照）。

① ２０１２年

【踊り手】

Ｄさん、Ｇさん、筆者が踊る。

【事実記述】

筆者は腕と掌をひらひら上下方向に振る動作を続けながらＤさんに近づいていく。Ｇさんも同じ動作でＤさんに近づいていく。Ｄさんは周囲をきょろきょろ見ながら戸惑っていた。筆者は少し離れて目を見詰めつつ、Ｄさんは掌を胸のあたりで組んでいたので筆者も掌を胸のあたりで組み、腕や手首、掌を動かし、組んだ掌の甲を色々な方向に向けながらＤさんに近づいて行った。ＧさんはＤさんを見ながら腕と掌をひらひら上下方向に振る動作を続けながら筆者に近づいて来た。すると、周囲を頻繁に見ていたＤさんは目線を二人の方向に固定した。三者は少しずつ同じ距離を保ちつつ、三者三様の動作をとりつつも、離れることなくその関係、隔たりを維持した。そしてＤさんが掌を合わせ動かす独自の動作が開始され、関係を維持しつつ少し移動した後、岩下氏の合図で終了した。Ｄさんは動作の最中笑顔であった。

【考察】

Hさんと筆者は動作単位の輪郭を模倣するという形で連動しつつ、Dさんを触発すべく動作の試行や位置の移動において連動を試みた。Dさんの目線の方向は両者を相互に見る形で固定され、三者は相互に「見る—見られる」という形で連動した。各人は動作における相互の類似や違いを各々の動作単位産出の開始条件としたと推測する。三者は「移動する（停止することを含む）」形でカップリング・システムを起ち上げた。以上を持続した後、Dさんは独自の動作単位を産出した。三者とも皮膚による接触は行わず、目線の投げかけと眼差しによる接触が持続して行われ、「親しみ」や「楽しい」という気分、お互い「円滑に行っている」という感触を三者が持つことが、持続する三者関係のその都度の開始条件となりカップリング・システム起ち上げの持続が可能となったものと推測する。Dさんの掌を合わせ動かす独自の動きは新たに産まれた一つの動作単位であると推測した。

②２０１３年

【踊り手】

Dさん、ダンサー5が踊る。

【事実記述】

Dさんは立った状態でダンサー5と向かい合い、ダンサー5が両拳を合わせて8の字を書くように上下左右に動かし続けると、Dさんもその両拳のその動きに合わせて自分の両拳を動かした。ダンサー5は合わせていた両拳を離し、両拳を別々にDさんに向けてつきだすとDさんはそれらを拳で接触たり、掌で受け止めたりし、それを数回繰り返した。その後ダンサー5が背中を向けたのに合わせDさんもダンサー5の背中に合わせ、ダンサー5が足の力を抜き下にゆっくり崩れていくと、Dさんもそれに合わせ下方向へ崩れるようにし、両者の肉体が床につくとダンサー5は再び足に力を入れ立ち上がり、Dさんもそれに合わせた。両者はその動作を数回繰り返した。Dさんは始終穏やかな表情であった。

【考察】

Dさんはダンサー5以外に気を取られることなく動作単位の産出を遂行した。両拳の動き、背中による接触、崩れ立ち上がるという動きを模倣することにおいてカップリング・システムを起ち上げた。前述のCさんと筆者のトリオ等、他者と模倣において連動する経験を重ねるうちに、他者と連動する感触を獲得したものと推測する。

③ 2014年
【踊り手】

Dさん、ダンサー6、ダンサー7、筆者が踊る。


【事実記述】

Dさんはダンサー6、7、筆者と隔たりを持って立ち、ダンサー6、7が立つ位置を変えるごとに、Dさんも立つ位置を変更する。以上の動作を全員で繰り返す。その後Dさんは筆者の足の甲と自らの足の甲を接触させ、二人のダンサーの足の甲にも自分の足の甲を接触させた。Dさんは以上の動作を繰り返した。Dさんの足の甲と他者の足の甲を接触させる動作単位はこのカルテットで産まれ、その後他者との連動の際、Dさんはこの動作単位を産み出すことが少なくない。


【考察】

Dさんとダンサー6、筆者はまず「配置」においてカップリング・システムを起ち上げた。その後、同システムは四者の隔たりを相互が隔たりを調整する形で持続した。二人のダンサーと筆者は同システムを持続しつつ、Dさんは自らの足の甲と他者の足の甲を「接触」することでもう一つのカップリング・システムを起ち上げた。


2010年頃、Dさんは持続して他者と関わることが殆どなく、他者間の移動を頻繁に繰り返していた。したがって、他者との間にカップリング・システムを起ち上げることは殆どなく、カップリング・システム起ち上げの試行を行う以前に、あるいは試行するのみで、その場を離れ別の他者との関わりを開始するというパターンを繰り返していた。一つの場所に自己を配置し続けることがなかったことから、一定の位置に「配置する」という選択肢の学習が必要であった。また一方的に自らの動作を他者に押し付けることが目立った。しかし徐々に自らの動作に対する他者の反応を確認する隙間を自ら作るようになった。そのことが他者との連動可能性の拡がりを促したと考えられる。それ以後、他者への集中や注意の短さは少しずつ減っていった。そして集中、注意の持続の時間は伸びていった。その結果、他者とカップリング・システムを起ち上げる隙間をＤさんは他者との間に持つことができるようになった。このことはカップリングにおける空間的隙間を作るとともに時間的隙間を作ることに当たる。Ｄさんが他者の横に立ち続けることにより、「一定の地点に配置し続けている」、「待つ」という時間的隙間が生まれる。これまでの「他者に向かう」という動作単位を反復するのではなく、他の動作単位を選択する可能性を持つこととなる。それは別の地点に自らを配置する可能性、つまり空間的隙間を担保しているということである。その意味で注意の持続が時間的隙間と空間的隙間の形成を可能にしたものと考えられる。そして三つの選択肢の形成により他者とのカップリング・システム起ち上げの開始条件が整ったと言うことができる。

第5項　Ｅさん（男性）

２０１０年Ｅさんは他の参加者とともに動作することはなく、体育室のベンチに座りつつ参加者を眺めるなどしていた。参加者が誘うと、バレエのターンにあたる回転運動を目の前をまっすぐ見つめたままの状態でぶれることなく行い、再びベンチに戻っていった。他者がデュオをしようとしても参加しないなど他者と関わることはほぼなかった。２０１１年、他の参加者の中に交じって動作を行うようになる。デュオにおいても他者との関わりを維持した（①参照）。２０１２年には他者との関わりを持つ機会が増え、他者の動作に応じて自らも動作するようになり、適応の度合いが向上した（②参照）。２０１３年には、馴染みのない他者の動きに対して、自発的な自分なりの動作をするようになる（③参照）。

①２０１１年

【踊り手】

Eさんとダンサー8が踊った。

【事実記述】

Eさんとダンサー8は向かい合い直接触れることなく、ダンサー8はEさんの周囲に自らを位置付けつつ、様々な動作をEさんに向かって行った。男性Eさんはダンサー8の方を向き続け、その都度の動作に応じていた。顔は穏やかな表情を保っていた。

【考察】

Eさん、ダンサー8は「向かい合う」という動作単位において連動していた。明確な輪郭を持った動作単位が生じたわけではないが、関わり合うという連動の基礎となる行為が遂行されていたと推測する。ダンサー8は無理にカップリング・システムの起ち上げを強いるわけではなく、「向かい合う」という連動を反復しつつ、Eさんの動きに合わせ、連動するための隙間、隔たりを手掛かりとして与え続けた。Eさんは向かい合いつつ、隙間や隔たりに向かい続けていた。上記の行為の維持は、Eさんが他者と連動するための新たな選択肢を産出するべく、素地作りの役割を果たしたと思われる。

②２０１２年

【踊り手】

Eさんとダンサー9が踊った。

【事実記述】

男性Eさんはダンサー9に向かい合いつつ、ダンサー9の動作に合わせ、他者の動作の輪郭を模倣したりする、他者の不定形な動きに合わせて自らの動作を調整するなど、他者の動作に柔軟に連動した。表情は基本的に穏やかな笑顔であった。


【考察】

Eさん、ダンサー9は模倣、不定形な動作においてカップリング・システムを起ち上げた。Eさんはダンサー9に注意を向け続けていたが注意が逸れる時があり、連動しているか否か疑わしいと思われる動きもあった。Eさんはダンサー9の動きが自分の動きに入ってきた時、どのタイミングでどのように対応するのか、Eさんなりに感触をつかんでいるように推測した。Eさんはダンサー9の動作に合わせ新たな選択肢をもって柔軟に対応し、動作の持続が途切れることなく持続した。

③ 2013年

【踊り手】

Eさんと筆者が踊った。


【事実記述】

Eさんと筆者は2メートルくらい距離を置き対面して立つ。筆者は身体を揺らしつつそれを繰り返しながらEさんの横を通り過ぎる。Eさんはほほ笑みながら筆者の動きを目で追い、一つの場所でランニングをする時のような足踏みをしている。筆者は床に下半身をおろし、Eさんを見つつ手で水盤を触るような動きをしながら、不定形な状態を維持しつつEさんに近づいて行った。近くまで行くと波のようにEさんに飛びかかる動作を遂行し、その動きを反復した。Eさんは反復のたびに驚きの表情をしつつ、筆者の動きに反応して様々な動作単位を産出した。

【考察】

筆者はEさんになじみのない動作単位で介入することにより、Eさんは新しい動作単位を産出した。その都度の動作単位の持続でその場に空間を起ち上げていくことにより、Eさんはその都度、「驚愕」の気分と動作をもって反応していたと感じ取った。両者は「空間の起ち上げ（筆者）―新しい動作（Eさん）」による連動を反復した。Eさんは新しい動作単位を産出し、それが新たな選択肢を拡大したと推測する。筆者の動作に対しEさんは関わり続けたという事実から不快ではなかったと判断している。

当初Eさんは他者と連動するための空間的、時間的隙間を持っていなかった。それは他者との連動可能性が成り立つ以前の状態にあたり、他者と連動するのに必要な隔たりを持つための学習が必要であったと言い換えることができる。デュオの試行はその隙間を作るための実践であった。２０１２年には他者と踊ることによりそこに生まれる隙間を見つけ出し、それを手掛かりとし、他者との連動に必要な隙間の形成の試行を反復しそれが学習となる。それによりカップリング・システムを起ち上げることが可能となったと考えられる。２０１３年にはその隙間の形成を活用しデュオにおいて他者と向かい合う確実な姿勢と適応力を確保していたと実践内容から推測する。

第2節　経年事例の検討

第1項　経年変化のまとめ

いずれの参加者も動作単位を産み出す行為において、各人すでに獲得している動作単位の肌理細かさや固有の連動の仕方を活用しつつ、気づきの機会が増えるたびに自己の動作単位の選択肢を増やしてゆき、自己の動作単位を持続するための調整能力を向上させ、物理的環境への適応力も向上した。他者とのカップリング・システムの起ち上げにおいて、自己は他者の動作単位の特徴に注意し、他者とのカップリングにおける自己の動作単位の選択可能性を絞り込み、あるいは選択可能性の幅を拡大し、他者との連動を円滑に遂行した。参加者は以上の過程について年を経るごとに学習したものと推測できる。自己は、他の参加者各人の〝できる〟ことに気づき、習慣づけられていることに注意しつつ連動し、他者と相互に構成素を共有しながら、両者ともに動作単位の選択可能性を拡大したものと推測できる。

また、いずれの経年事例においても調整能力等の能力向上に大きな役割を果たしたのは、肉体的緊張、心的緊張の緩和である。それらは動作のこわばり、他者との肉体的接触の頻度や深さの変化によって推測することができる。参加者はそれぞれ自宅、福祉施設、職場で他者に接し、それぞれの場の他者との人間関係、その場固有の規則に従うことにおいて、また物理的環境の変化や移動において、心的緊張、肉体的緊張を増すことも少なくない。即興ダンスの遂行は他者との関わりにおいて他者への緊張を軽減し、可動域を広げる役割を果たしうるものと推測できる。

即興ダンスという身体運動は、自らの身体運動に関わる他者とともに身体運動を行いつつ、他者といかに連動するかを試行しつつ他者とともにカップリング・システムを起ち上げ、以上のことを繰り返しつつひとつの作品を作り上げるものである。自らを思い切り投企することができ、そこから手掛かり、気づきを得ることができる。さらにそこから自己の身体運動の変化を自ら感じ取る。他者の身体運動、自己の身体運動に直接向かい合うことができ、そこから気づきを得て、さまざまな調整を含め〝できる〟ことの拡大を自身で確認するのである。以上の繰り返しのうちに、心的緊張、肉体的緊張の緩和という効果が自ずと接続され、試行錯誤を重ねていくことで、動作産出のための予期、感じ取り、調整、イメージ形成、リズム化などそれぞれの能力が参加者各々の過程において育まれる。この経年変化のうちに、その成果がその参加者しか持ちえない固有の身体運動を育み、その変化が経年事例のうちに現れ出ているのである。

第2項　カップリング・システム起ち上げの要件

カップリング・システムを起ち上げるためには即興ダンスを他者とともに踊る時点で、他者に何が〝できる〟か、他者といかなる構成素を共有することができるかについて、感じ取り、気づき、選択しなければならない。それは自己に関しても同様である。さらに他者の持つ各構成素、具体的には配置、隔たり、方向、眼差しの肌理細かさにおける尺度を感じ取り、自らの動作もその尺度を前提条件として動作単位の産出を調整する必要がある。この過程をその都度の状況に適応すべく遂行しつつ自己の在り様に即し自己を投企することにより、動作産出そのものに必然性を持たせることがでる。その達成度により即興ダンスの効果は左右される。他者の様々な尺度を感じ取るには自己の尺度と他者の尺度の差異を感じ取りつつ、他者の尺度に合わせるように自己の動作産出を調整する試行を繰り返す肌理の細かい作業が必要となる。他者と連動しようとすると自ずとこの作業を遂行している場合が少なくない。そこには技量ではなく、丁寧に他者の動作を扱う態度が必要となるのである。そしてこれら一連の作業の繰り返しを通じて調整能力は学習され、即興ダンスの効果を上げることが可能となる（第5章第1節第1項、第2項参照）。

また、それを他者に試行する段階で自己の動作単位が他者の動作単位に適切に入り込み、他者がその動作単位を自らの動作単位産出の手掛かりとして開始条件にしているか否かの判断が求められる。その判断が誤っていた場合、その次の動作において試行を繰り返し、他者の動作単位が何を動作単位の開始条件としているかを見極める必要がある。さらに他者が模倣といった習慣的動作を持っていた場合、その習慣を活用したり、その習慣から脱するように促したりしながら、他者の動作単位の選択可能性の幅を拡げるための配置、隔たり、方向、尺度やリズム化による、自己と他者の動作単位間におけるずらし方、拡げ方を身につける必要がある。

第3項　カップリング・システム持続の要件

いかに動作によるカップリング・システムの起ち上げが極端に困難な踊る者と関わるのか。それは配置のみでも可能であるし眼差しの接触のみでも連動することができる。他者と連動〝できる〟、言い換えれば共有できる構成素を意識することなくその場で産み出す必要があるが、両者の〝できる〟ことを探りつつ、他者の特徴を手掛かりに連動の試行を行う。その段階で戸惑いが相互に生じることがある。そういう時、連動するために意識的に〝次の〟動作単位を考えてしまう。恣意的にその動作単位を産出してしまうと、他者の動作単位に即応することが不可能となる。または他者も恣意的な動作単位を産出してしまうこととなり、他者の動作単位とのカップリング・システムを起ち上げる機会を失ってしまう。

またひとつのカップリング・システムにおいて、非恣意的に動作単位を反復している際、その動作単位を反復し過ぎてしまい、双方息苦しくなってしまうなどの状態を避けるため、動作単位の反復における適度な連動の度合いに注意を向ける必要がある。動作単位をその反復において動作単位の展開可能性が拡がる見込みがあるのかを意識することなく見極める必要がある。この場合大切なのは、反復の繰り返しをひとまとまりの作品としてどこで区切るか、という判断であり、同時にその判断に基づく連動の解消の仕方と解消から次の連動への移行の仕方を予期する必要がある。

反復の繰り返しにより、カップリング・システムがうまく起ち上がっていれば、連動の反復は連動の強度を増すことになる。その強度の変化を感じ取ることが予期を行う手立ての一つであり、さらに他者の表情と動作単位の持続の状況を感じ取ることにより、反復中の動作単位そのものの調整、あるいは新たな動作単位による連動への移行、連動の解消と〝次の〟他者への引き渡し（つまりデカップリング）、または他のカップリング・システムとの統合を試行することとなる。

カップリング・システムを円滑に消滅させ、試行を交えつつ新たなカップリング・システムの起ち上げへと円滑に移行、解消、統合していく移行の仕方を学習することは、動作単位の選択可能性、他者との連動可能性の拡大にとって非常に重要な課題である。それまで反復していた動作単位を少し変更することにより隙間を作り、他者に別の動作単位を産出させる契機、動作単位の産出可能性を与えることにより、他者は反復してきた動作単位の近傍において新たな選択肢を選びとり、自己もその選択肢に自らの動作単位を連動することで、それぞれの固有の動作単位における差異そのものの産出をカップリング・システムという遊びとして楽しむことができるようになる。遊びとして楽しむという自己、他者における触発は、両者の動作が関わるカップリング・システムの起ち上げの持続をより可能かつ円滑なものとする。

他者とカップリング・システムを起ち上げている最中に他者がいかなる気分であるかは、動作単位とその持続の状況の変化、表情の変化を感じ取ることでお互いに判断はできるが、その判断が実際に妥当であるか否かを決めることはできない。気分は動作単位産出の重要な構成素であり、他者の気分の感じ取りは重要であるが感じ取ることができない部分であり、手掛かりとなるのはカップリング・システムが円滑に連動しているか否かという状況のみである。

またカップリング・システムの持続において他者が飽きてしまう、つまり「退屈」な気分になり動作単位の産出を適当にやり過ごしてしまう場合もある。それでもカップリング・システムは弱い強度で起ち上がり続ける。しかし、お互いの動作単位の選択肢の拡大などを望むことはできない。その状態からの連動の再生、あるいは連動への復帰は困難なことが多い。なぜなら動作単位の産出を基づけている気分が「退屈」な気分となり現存在ではなく〈ひと〉による自己の動作産出へと移行してしまったからであり、ふたたび非本来的存在様態から本来的存在様態へと変わる必要があるからである。非本来的存在様態から本来的存在様態への移行には「良心の呼び声」という契機がカップリング・システム持続の最中に突然求められることになり、その契機が訪れることによってのみ存在様態は移行可能となる。つまり、切羽詰まった本来的な投企が可能となるのである。それにより、カップリング・システムの性格は大きく変わる。構成素の共有において自己、他者の動作単位が相互に入り連動しているかのように思えるが、他者は演技的に疑似カップリングを行っている場合もあり、やり過ごしている場合もある。疑似カップリングとは恣意的に他者と連動しているように自分の動作単位を産出している状態である。擬似カップリングは他のカップリング・システムへの移行・統合段階において活用する場合もある。他者の動作単位の輪郭に合わせながら自分の動作単位を恣意的であるがそれに合わせ作っていき、その反復において他者の動作単位に手掛かりを得て他のカップリング・システムへと移行・統合するのである。その場合、疑似カップリングはカップリング・システム同士のいわば〝のりしろ〟として機能する。しかし、他のカップリング・システムに移行することなく疑似カップリングを持続する、あるいは疑似カップリングの持続がカップリング・システムの持続であると思い込んだまま持続する場合、疑似カップリングを行う者は他者の動作単位の輪郭に合わせるという目的、あるいは他者の動作をやり過ごし続けるという目的を持っており、そこには無目的のうちに自己の動作、存在と関わる、他者の動作、存在と関わるという即興ダンスの本来的な投企との根本的な違いがある。即興ダンスの効果は本来的存在様態における カップリングと接続されているのであり、他者が連動しているのか、疑似カップリングをしているのかに注意することは欠かすことができない。しかし他方、その違いを見分ける手立ては他者の動作の感触、動作単位の連動の円滑さ、順調さから読み取るしかないのが現状である。それは踊る他者が他者であることから避けがたいことである。しかし、他者との連動状態を振り返ると疑似カップリングとカップリング・システムの起ち上がりという二つの状態相互の区別は確実に線引きすることができる。両者の扱いの探究がさらに求められるところである。

疑似カップリングとカップリング・システムの有効な接続は身体運動持続の要となる。疑似カップリングからカップリング・システムの起ち上げという移行の在り様を具体的に身につけ、意識することなく両者の接続、移行へ向け動作単位産出を調整する必要がある。

第6章

カップリング・システム起ち上げの方策と効果

カップリング・システムの起ち上げの成功において重要なのは、カップリング・システム起ち上げのための技法(第1節)、カップリング・システムにおける構成素のタイプ(第2節)であり、双方はカップリング・システムを起ち上げる過程において自ずと求められ現れ出るものである。予めなんらかの技法、タイプがすでに在ると考え、それらを実践において恣意的に活用するならば、他者との連動可能性、動作単位の選択可能性の拡大に貢献しないばかりか、他者への瞬時の適応という契機を逸してしまう。つまり他者の産出した固有の動作単位に基づき即座に自己の動作単位を産出することは不可能となり、さらに自己と他者が連動しているように見えても連動していない状況、いわゆる疑似カップリングを生じさせる可能性も高まる。以下に述べる技法やタイプは自己と他者という二つのシステムが相互に関わることのうちに自ずと必然的に生じる必要がある。そのためには自己および他者の動作単位産出の持続のうちに、カップリング・システムの起ち上げに活用可能な構成素に気づき、両者相互に動作単位や感じ取りにおける尺度、両者にできること、両者の気分の状態を感じ取りつつ気づきを得、それらをカップリング・システムの起ち上げに活用する(第3節)。そしてカップリング・システムの持続、解消、解消後の同じ他者とのカップリング・システムの起ち上げ、他のカップリング・システムへの統合といったカップリング・システムのストーリーを新たに起ち上げていく(第4節)のである。

第1節　カップリング・システム起ち上げのための技法

第1項　接　触

他者とのカップリング・システムを起ち上げる際、他者に関わろうとする態度に眼差しによる間接的接触、肉体による直接的接触を活用する。まず眼差し、肉体、いずれかの接触により自己の態度を他者に感じ取らせ、その試みに他者が注意を向けその関わりを了解するか否かを確認する。接触の主な役割は〝次の〟動作単位を産出するための契機および手掛かりを得るとともに与えることである。そしてその〝次の〟動作単位の選択肢として同じ動作単位を選択するか、異なる動作単位を選択するかを決定する。以下それぞれの接触の仕方を見ていく。

眼差しによる接触は自ら他者を眼差し、自らが眼差されることによる接触である。その接触は他者と関わる契機となりうることからその可能性を常に想定しておく必要がある。第5章第1節第2項におけるBさんの事例の経年変化を見ると、眼差しによる接触を多用していることがわかる。２０１１年心身の緊張が強かったが、２０１２年(同項①)にはBさんがダンサー2を「眼差す―眼差される」状態の持続においてカップリング・システムが起ち上がり、さらに「外を眺める」という構成素においてお互い眼差しておらずとも眼差しによる一つの風景への接触において〝次の〟カップリング・システムが起ち上がった。ダンサー2はBさんの眼差しによる接触という〝できる〟動作単位に気づき「外を眺める」という構成素を選ぶことにより自ずとダンサー2とBさんの間に二つのカップリング・システムが展開したのである。ダンサー2はBさんに眼差されることで「外を眼差しつつ待つ」態度を自ずと選択した。カップリング・システムの起ち上げのためには他者というシステムの〝できる〟動作単位への気づきとカップリング・システムの起ち上げに適切な構成素への気づき、双方を持つ必要がある。

そして第5章第1節第2項②の事例におけるBさんの眼差しへの他者の眼差しによる接触の反復では、Bさんは他者への注意深そうな眼差しによる接触を行っていたが、突然目を大きく開け、他者へ積極的に眼差しによる接触を行い始める。「他者からの眼差しによる接触」に「他者への眼差しによる接触」により応え、Bさんは他者と連動し、その眼差しにおける接触を反復することによりカップリング・システムが起ち上がった。このモードの変化はBさんという現存在の開かれと軌を一にしている。Bさんはその出来事以降、第5章第1節第2項③の事例のように眼差しによる接触の反復を中心にカップリング・システムを頻繁に起ち上げるようになる。

肉体による直接的接触は、自己と他者の間に眼差しによる接触のあるなしにかかわらず、自己の存在を他者に感じ取らせることができ、その接触の持続により他者の動作単位とその持続、自己と他者の緊張の度合いを感触として感じ取ることができ、そこからカップリング・システムの構成素を取り出し、カップリング・システムの起ち上げが可能となる。両者の接触部分はひとまとまりの領域として現れ、第三者に輪郭として明確に現れることはない。自己と他者の接触部分であるひとまとまりの領域の境界の変化や接触部分の硬軟の度合い、相互に掛かる力の度合い、体温、湿度、動作の指向性などを運動感覚・内部感覚により感じ取り、それらを手掛かりとして〝次の〟局面を予期し、自己が他者と接触する身体・運動イメージを産出し、その都度一つひとつの動作単位を産出し、カップリング・システムを起ち上げる。

第5章第1節第1項の各事例において明らかなように、肉体による接触は歩行といった他の動作単位の産出と連動し、肉体全体の身体運動に関わる。Aさんの身体運動の調整能力が向上するにつれ、眼差しによる間接的接触が生じ、肉体による直接的接触と眼差しによる間接的接触が連動することにより、歩行という動作単位産出の持続、他者とのカップリング・システム起ち上げは安定化した。この安定化によりカップリング・システムの強度は増し持続力が向上するものと考えられる。

第2項　模　倣

他者と向かい合った時、他者の動作単位の輪郭を手掛かりに模倣をすることで自己は他者と連動する。第5章第1節第1項Aさんの2011年の事例において、Aさんの〝できる〟動作単位は歩行であり、筆者はそれを模倣し、歩幅や反復のリズムを合わせたりずらしたりしながらカップリング・システムの起ち上げを試みた。つまり他者の動作単位の持続を眼差し、他者の動作単位の輪郭や姿勢において模倣可能な部分に気づき、それを手掛かりに、自己の動作単位の選択肢を選び、他者の動作単位に巻き込まれる形でカップリング・システムを起ち上げるのである。模倣の持続により他者と同様の動作単位の反復が常態化し、その結果リズム化が加わることにより遊びの性格が前景化され両者の気分が高揚することも少なくない。逆に反復の常態化のうちに「退屈」といった気分が生じることもある。その状態に気づいた時には、一つひとつの動作単位の固有性を保ちつつ、他者の動作単位との間をずらし隙間を開け、動作単位をリセットし新たな動作単位へと移行する必要がある。注意しなければならないのは、両者の間に別の動作単位の選択可能性、つまり隙間がなくなってしまうことである。模倣する動作単位を反復することにより他者の動作単位の輪郭、さらに他者との関係性に強く依存することがある。模倣する動作単位の過剰な常態化は動作単位を選択する可能性を失わせる。ほぼ同じ動作単位をその都度反復して産出することにより「退屈」な気分が生じ、動作のリズム化により動作の強度がさらに強くなり、その結果、動作単位の選択可能性は縮退し、リセットの困難さも増す。そこで、その状況をつくらないように、またその状態から脱するために、他者の動作、表情、連動の円滑さの変化に注意する必要がある。

模倣の反復は差異のみから調整されている。過剰に常態化した反復、動作単位の輪郭に隙間を生じさせ差異をつくることで反復のリズムや動作単位の肌理における差異の固有性が前景化し、連動の在り様がその都度変容可能となる。つまり近似性を持った模倣による反復においてその都度固有性を持った差異が生じる。逆に固有性を持った差異の反復の持続のうちに、退屈な気分が生じた時点ですでに固有性が失われていることから、模倣の反復については固有性が第一に確保されていることに注意する必要がある。

第3項　隙間づくり

隙間づくりとは、他者と自己の間に隔たりが生まれる場面である。そして隙間をつくることによって、他者とカップリング・システムを起ち上げる可能性をつくる。それは他者とカップリング・システムを起ち上げる開始条件を設定する、いわば余裕をつくり、その余裕のうちに連動可能性を見つけ出し、カップリング・システムを起ち上げる開始条件を設定する試みである。他者から少し離れてみる、それまで産出していた動作単位を止めてみる、他者と連動していた動作単位の肌理や方向や速さを変えてみる。そこにカップリング・システムの次の展開可能性が開ける。カップリング・システムを起ち上げる時、連動を持続する時、連動している動作単位をリセットしたい時、カップリング・システムの新しい構成素を産み出したい時、隙間をつくることで、自己、他者は次の連動の可能性を探り、両者それぞれによる動作単位の産出がなされ、他者の反応を手掛かりに両者は新しい構成素によるカップリング・システムの起ち上げを試行、調整することにより、新たな構成素による〝次の〟カップリング・システムへと移行することができる。

第5章第1節第1項①で取り上げた、Aさんの2011年の事例では、Aさんが一歩一歩自らの存在を投企するごとに、筆者との隙間が生じ、筆者はそれを活かし、手掛かりとしてAさんとの隔たり、自らの歩幅の肌理、歩く方向の調整を行い、両者の連動するカップリング・システムを起ち上げた。2013年の事例では、ダンサー2はAさんが歩行する目標かつ障がい物となり、Aさんとの間に隙間を設け、その都度自らの存在を異なる地点に配置することにより、Aさんが衝突を避けるための予期や歩幅の調整、方向制御、バランス保持の調整を発揮する契機を増やし、それらの能力向上に資した。２０１４年の事例では、筆者がＡさんに接近する過程において、筆者はＡさんとの隔たり、つまり隙間に常に注意し、Ａさんが進むであろう軌道を予期しつつ隙間を調整した。それによりＡさんの自由な歩行を確保しつつカップリング・システムの起ち上げを試みた。Ａさんと筆者は隣接し、両者の隙間から腕による接触の持続によりカップリング・システムを起ち上げた。このように隙間をいかに活用するかによって、上述したように〝次の〟カップリング・システムの展開可能性が開ける。隙間が開かれることで、自己と他者は相互に〝次の〟カップリング・システムの連動可能性を探り、自己、他者それぞれによる動作単位の選択、つまり産出がなされる。動作単位の輪郭の現れを手掛かりに両者は新しい動作単位の産出を試行、調整することにより、カップリング・システムの持続、またはリセットが可能となり、隙間における多様な連動可能性のうちに〝次の〟カップリングへと移行することができる。Ａさんの事例においても局面に応じた隔たりを生む〝待つ〟という行為が適宜行われていた。隙間は空間に属すとともにつねに時間にも属する。空間的隙間は隔たりが生まれることであり、時間的隙間は待つことである。空間的隙間、時間的隙間が生れることのうちに、即興ダンスを遂行する者は新たな動作単位の選択可能性、新たなカップリング・システムを起ち上げるのである。

たとえば、向かい合うという固定された関係で自己と他者が連動している時、同じ動作単位の反復が続き、反復の回数が増すうちにその動作にいわば拘束された状態になることがある。その状態において両者のうちに隙間はほとんどなく、いわば密着した状態であり、動作単位の選択可能性はほぼゼロに等しい。この持続のうちに両者には退屈、あるいは息苦しいという気分も生じる。このような時こそ両者が向かい合う関係を言わば内側から崩し、お互いの動作単位間に隙間を生じさせ、その状態から脱し新たなカップリング・システムの連動可能性を少しでも拡げようとする。その隙間のうちには動作単位の選択可能性、カップリング・システムの連動可能性がメルロ＝ポンティの「織物」の概念の表地と裏地のように織り込まれているのである。

第4項　擬　態

擬態は他者、自己の動作単位や姿勢、他者と自己の関係を手掛かりに「〜になる」という過程、言い換えると「表象イメージ」と「身体・運動イメージ」の連動により生じる動作単位産出のネットワークである。自己と他者の「表象イメージ」の場合、第5章第1節第2項②の事例で現れた「血を吸う者—血を吸われる者」を例にとれば他者の動作単位から「表象イメージ」を自ら設定し他者に投影することにより形成し、相互に補完する形でカップリング・システムを起ち上げる。他者の持つ「表象イメージ」と自己の「表象イメージ」に違いがあっても相互が連動可能な相互補完的な構成素によりカップリング・システムを起ち上げるのである。つまりこの事例の場合「血を吸う者—血を吸われる者」という能動—受動関係による表象イメージを構成素として他者とカップリング・システムを起ち上げるのである。他者は自己とは別に固有の「表象イメージ」を持っている可能性があるが、上述のように両者が共有していると推測可能な、相互補完関係を持つ「表象イメージ」を両者のカップリング・システムの構成素とし、同システムの起ち上げを可能にするのである。この「表象イメージ」は動作単位産出以前に非恣意的に自ずと現れる。そして現れた時にはすでに「表象イメージ」は「身体・運動イメージ」と連動しており、カップリング・システム起ち上げのための構成素として機能している。すでに特定の構成素によりカップリング・システムが持続している最中であっても、運動感覚・内部感覚や感触や動作の輪郭、動作の軌道などを手掛かりに新たな「表象イメージ」が加わる形で産出され、重層的なカップリング・システムを構成することもある。右記事例においては〝頭に浮かんだ言葉〟という形で「表象イメージ」が構成素として産出された。自己と他者の関係においては「円形の軌道を描く」という言葉が動作単位に符牒付けされ、自己には「軌道上の地球」という言葉、さらに他者との関係に「鬼ごっこ」という表象イメージが符牒付けされ、自己の「音に反応し動く」という動作単位には、「血を吸われそうになって逃げ回る者」という言葉が符牒付けされた。以上のように、これら符牒付け構成素の再編により自己と他者両者の関係は相互補完関係において安定感を持ちつつカップリング・システムの起ち上げと持続を可能にしたのである。

しかし、特定の「表象イメージ」を持ち続けることは、それぞれの動作単位が固有性を持つとはいえ、同一の動作単位の選択が冗長に持続することとなり、「退屈」な気分を生じさせかねない。そのためにもリセットするタイミングを見計らい、別の「表象イメージ」へと移行することが望ましい。また、他者が新しい動作単位の選択肢を産出していることに気づいた場合、それまでの「表象イメージ」をリセットし、他者との動作に隙間を開け、その隙間において新たな構成素が生じるようにさまざまな試行をする。それにより「退屈」の気分を避けるべく「慎ましさ」、「物怖じ」の気分の内に、あるいは「生き生きとした」気分の内において、新たに生じた「表象イメージ」を構成素として設定しつつ擬態することにより、新たなカップリング・システムの起ち上げによる他者との関係の持続が可能になる。

第5項　反　復

他者とのカップリング・システムの起ち上げを試みる際、自己は他者の特定の動作単位の輪郭を手掛かりに、それに適応すると思われる動作単位を他者に向け繰り返し試行する。その試行により、他者が自己の動作単位への注意を開始した場合、他者の動作単位に自己の動作単位が入りこみ、一つのカップリング・システムが起ち上がる。そして同システムの構成素による起ち上げの繰り返しが持続され、その繰り返しのうちに規則性が生じるとともにリズム性が生じる。リズム性により前述のとおり自己と他者のカップリングの強度は上がり、両者の連動は安定化する。それにより両者の緊張は緩み、カップリングの最中の他者も「不安」な気分から「安定した」気分、「生き生きとした」気分へと移行することができる。以下にその事例を上げる。

【踊り手】

Hさんと筆者が踊る。Hさんは他者に触られることを嫌い、ひとつの場所に立ち続けていることが多い。

【事実記述】

筆者はHさんの自分に対する反応を確認するため、Hさんに目線を送りつつ、強い力で押し跳ね返されることを想定し、脱力した状態で接近した。Hさんも目線を合わせ、双方が他者に注意している状態となった。他者の気分を「不安」、「不信頼」と予期し、近づく速さもHさんの気分を刺激しないようにゆっくりと近づいていった。

Hさんの位置から約50センチの所に近づいた時、Hさんは腕と手の甲を使い、筆者を強い力で押し跳ね返した。筆者はその反動で約1・5メートル後方に、Hさんに近づいたのと同じ経路を反対方向に後ずさりした。筆者は肉体からHさんの押した力が抜けた時、立ち止まった。そして筆者は間を置くことなく、先ほどと同じ経路をなぞるように再び接近を始めた。そして先ほどと同様にHさんの位置から約50センチの所に近づいた時、上記と同様の仕方で筆者はHさんに跳ね返された。そして筆者も同様に近づいたのと同じ経路を反対方向に後ずさりし、Hさんの押した力が肉体から抜けた位置で立ち止まった。そして間を置くことなく筆者は同じ経路を先ほどと同じ速さで接近を開始した。最初から数えて4回目の接近時、Hさんの表情は笑顔になった。筆者は表情を手掛りに、さらに4回接近と後ずさりを繰り返した。Hさんも腕と手の甲を使い、筆者を強い力で押し跳ね返すことを繰り返した。その間Hさんの表情に笑顔が持続した。

【考察】

Hさんが形成する位相領域はHさんの指の先が届く範囲であり、立ったままなので位相領域は移動しない。筆者の位相領域がHさんの位相領域に到達し、その中に入った時、Hさんは筆者を強い力で押し跳ね返した。筆者は一定距離後ろに下がったが、再び位相領域の接触を試みる。そして筆者は跳ね返され一定距離後ろに下がった。筆者はこの近接と後退を一つの動作単位として設定し、反復を開始した。Hさんも上記と同じ動作単位を反復することで、両者の間に「押す―跳ね返る」というカップリング・システムが起ち上がった。「目線を合わせる」というカップリング・システムも起ち上がっていた。双方のシステムを遂行しつつ、筆者には「地面に当たっては跳ね返る」という身体・運動イメージが「弾むボール」という表象イメージに接続され、自分自身が「弾むボール」になった。H

さんと筆者は「押す―跳ね返る」を8回反復した。

筆者はHさんに脱力状態で触れに行く。Hさんに触れた瞬間腕で跳ね返されたが、脱力した肉体は押された力をダメージなく引き受け、その力が後退するなかで抜けていく過程を自ら楽しんだ。力が抜けきったところで後退する動きが止まる。その過程でHさんの力の強さとHさんの手の甲が筆者を突く感触、力が抜けていく時の粘りの感触、速度の変化を感じ取る。それら感じ取られたものを手掛かりに動作単位を繰り得すことが可能と判断し、筆者が押され、立ち止まった地点から再度Hさんに接触することを試行する。上記と同様の力で、同様の運動感覚、感触を感じ取りつつ跳ね返される。筆者は脱力した状態なので痛みを感じることはない。両者が接触する回数が増す。その回数は8回続いた。

その一方でリズム性をともなう反復により動作単位の選択肢の拡大が制限される。また自己、他者に「退屈」という気分を生じさせる可能性がある。そこで、その動作単位の反復に一区切りついたと感じ取った時には反復自体に隙間を設け、自己、他者いずれかに「退屈」という気分を生じさせる以前にその隙間を両者が埋めるように〝次の〟動作単位を移行することにより、他の選択肢を産出し、「退屈」を回避することが可能となる。「退屈」という気分が生じた後で他の選択肢を産出することは困難である。以下は右記のカップリング・システムを継続した結果である。

【事実記述】

筆者とともにHさんは「強い力で押し跳ね返す」という動作を8回繰り返した。その後、Hさんの表情は「退屈」な表情へと一転し、筆者を見なくなり、他の方向に目線をやるようになった。筆者は「跳ね返される」という同じ動作を続け、Hさんも「押す」という動作を3回繰り返した。そのうちHさんの動作が止まった。筆者はHさんの注意を取り戻そうとHさんの目線の方向に自らを位置付け、いくつかの動作を試みたが、一切反応がなかった。目線は他の方向に注がれ続けていた。筆者は戸惑い「不安」な気分が増し、再び筆者にHさんの注意が戻ることはなく、動作も止まった状態が持続した。岩下氏の合図により終了した。

【考察】

Hさんと筆者は「押す」、「跳ね返る」を8回反復した。それ以降、「目線を合わせる」というカップリング・システムは消滅し、「押す─跳ね返る」という擬似カップリングのみ起ち上がっている状態となる。「押す─跳ね返る」を3回繰り返した後、「押す─跳ね返る」という擬似カップリングも消滅した。筆者は注意を取り戻すよう、Hさんの位相領域付近でいくつかの動作単位を試行したがHさんがそれらの動作に注意を戻すことはなかった。

Hさんの目線、顔の表情の変化から、遂行していた動作単位の繰り返しに飽き、「興味深い」という気分が「退屈」な気分へと移行し、気分に動作単位が規定され、目線が筆者から外れ、動作そのものも停止したものと推測した。

Hさんと同じ動作単位の繰り返しにおいて、Hさんが飽きてくることは容易に予想できることである。にもかかわらず、筆者は同じ動作単位を繰り返し続けた。本来であれば動作単位の反復に変化を付けるタイミング、動作単位を切り替えるタイミング、言わば、持続の区切りをHさんの表情や力の入れ具合、動きの速さの変化から予期し、表面的に動作単位産出の持続において順調に進んでいても、その持続可能性を自分の判断で確定し、次の動作単位によるカップリング・システムへの移行を図らなければならなかったのである。反復によりカップリング・システムを起ち上げた時には、反復の持続をどこで区切るか、〝次の〟動作単位によるカップリング・システムへどのように移行するかについて、意識する以前の所で、注意、予期する必要がある。

第2節　カップリング・システムにおける構成素のタイプ

第1項　隣　接

「隣接」とは自己と他者が相互に関心を持ち、両者が相互の位置を前提条件として自らの存在を配置することであり、隔たり、配置、眼差しによる接触を契機として連動を成立させるカップリング・システムの構成素のタイプである。「隣接」は殆どのカップリング・システムの開始において生じている。第5章第1節第2項③の事例におけるBさんとダンサー3による「動作の肌理」という構成素による連動、第5章第1節第3項③の事例におけるCさんと筆者による「ともに歩く」、「手による接触」、「反復」という構成素による連動などがそれに当たる。

第5章第1節第2項③の事例においてダンサー3はBさんの指の「肌理の調整」の肌理細かさに気づき、ダンサーは指の「動作の肌理」をBさんの肌理細かさに合わせるよう試みることでカップリング・システムが起ち上がった。一方、歩幅や動作単位の上下幅などにおいて両者の「肌理の調整」が異なることで連動が成立しないことも少なくない。肌理の調整が前景化した事例を次に記す。

【踊り手】

Iさん（男性）とJさん（男性）が踊る。両者は即興ダンスへの探求心が強く、動きが丁寧であり、従来のデュオの積み重ねから独自の型が形成されている。

【事実記述】

Iさんと J さんとは約1・5メートルの間隔を開け向い合って立つ。Iさんは両手を下ろした状態からゆっくりとした速さで右腕を上げ始め、それに合わせてほぼ同じ速さでJさんも左腕を上げ始める。肩の高さに達すると、両者は腕を上げるのをやめ、Iさんは観客に向かって正面にJさんは背面に体の向きを変え、各々異なる動きを始める。両者とも時々相手を見ながら、動作の速さは同じ状態で、ときどき動作を合わせ、ひとつの動作を合わせたら、再び自分の動作に戻る。両者とも目線の動きから常に他者に注意を払っていることがわかる。Iさんは他者の動きを見つつ、Jさんがそれに気づくとIさんは片膝をついて座り、Jさんも座る。姿勢が変わっても、頭の高さ、目線の高さを合わせ、その高さを維持した状態で様々な動作をする。Iさんが立ち上がると、Jさんも間をおいて立ち上がる。再び頭の高さ、目線の高さをあわせる。IさんはJさんが立ち上がるのを動作しつつ待ち、立ち上がったと同時にIさんは次の動作に移る。それに合わせJさんも動く。Iさん、Jさんともに他者を伺いながら、再び向かい合った状態に移行し、他者の動作に合わせ自分の動作を続ける。その後お互い他者の向きに合わせることなく、他者の動きに注意しつつ、他者の動作に呼応する形で自分の動作を続け、岩下氏の合図で動作を終了した。

【考察】

IさんとJさんは開始直後から肌理、隔たり、方向、配置という構成素において連動していた。これら構成素の調整により形作られる動作の速さを保ちつつ、異なる動作単位を産出するが、他者の動作単位に注意し、他者の動作単位の中に連動する可能性のある肌理、隔たり、方向、配置に気づくとそれらを手掛かりにカップリング・システムを起ち上げた。姿勢が変わっても肌理、隔たり、方向を調整しつつ配置という投企をゆっくり反復した。

Iさん、Jさんそれぞれの動作単位は異なるが動きが柔らかく緻密であった。両者が異なる動作単位を維持した状態においても、他者への注意力がそがれることなく、高さ、速度を手掛かりに産出された構成素が前景化し、両者はひとまとまりであり、円滑で丁寧な持続を行い、他者の動作への注意、気づきが常に遂行されていたと感じ取った。

右記事例においてIさんとJさんはお互いの動作単位を視野に入れつつ、他者の動作単位を産出する速さや相互の位相領域、配置および肌理・隔たり・方向における差異を産み出しそれを埋めるという関わりを反復し持続することのうちにカップリング・システムを起ち上げた。いずれの動作単位も他者の動作単位との高低等の差異に気づき、力の入力や隔たりの差異を調整することで連動し、その調整と輪郭としての現れそれ自体が二人でひとつの表現となっていた。

また第5章第1節第3項③の事例においてCさんは、「他者と手をつないで歩き続ける」という動作単位の持続において、他者との歩行の速さ、他者との隔たり、他者の歩幅のうちに配置、肌理・隔たり・方向、反復において差異を自己と他者のうちに作り出すことで隣接というカップリング・システムを起ち上げ持続した。

隣接というカップリング・システムは、自己、他者ともに双方の動作単位「配置」を構成素の一つとして、複数の構成素において生じる差異の調整において起ち上がる。自己は他者の存在を必要とし、他者の動作単位産出の開始条件となることで、カップリング・システム起ち上げの持続を可能とする。

第2項　誘導・応答

誘導・応答は、自己が他者とのカップリング・システムを起ち上げるべく動作単位を産み出し、他者もその動作単位を相互補完的に受け入れ、その動作単位を開始条件として自己の動作単位を産み出し起ち上がったカップリング・システムの構成素のタイプである。第5章第1節第1項②の事例におけるAさんとダンサー1における「障がい物になる（ダンサー）—障がい物を避ける（Aさん）」という構成素による連動、第5章第1節第2項④の事例における「待つ—近づく」および「眼差しの投げかけ—眼差しによる接触」という構成素による連動、つまりカップリング・システムの起ち上げがそれに当たる。

第5章第1節第1項②の事例については、ダンサー1が誘導しAさんが応答する。Aさんが歩行している状況において、ダンサー1はAさんが歩みを進めるだろう方向を予期しつつ、Aさんの位置に応じて自らの存在を障がい物としてその場に配置するという誘導により、Aさんの歩行という動作単位の選択可能性を規定する。一方Aさんはダンサー1の動作単位を受けいれ、ダンサー1という〝障がい物〟に向かっていき、それを避けようと試みる。Aさんはダンサー1を避けるべく歩行の調整を求められ、Aさんはそれに応答し自らの歩幅の肌理、歩行の方向、反復のリズムを調整する。ダンサー1とAさんは相互に他者の動作単位とその持続に注意し、それらを予期しそれに基づく形で動作単位を選択し、バランスを保ちつつ歩くために力の入れ具合を調整する。ダンサー1の存在がAさんを呼び、次にAさんの存在がダンサー1自らを配置する位置を決定させる。両者はカップリング・システムにおいて隔たりの差異をその都度生じさせ、Aさんはさまざまな差異に応じた調整の仕方を経験し学習する。

第5章第1節第2項④の事例についてはBさんが誘導し筆者が応答する。Bさんは筆者よりも先に歩みを進め、ほぼ等間隔の位置に自らを配置し筆者を「待ち」かつ「眼差しを投げかける」。それに応じ筆者はBさんに「近づき」、Bさんの「眼差しに接触」する。両者はこの誘導・応答を反復する。Bさんは隔たりを確保しつつ自らの存在を等間隔で投企することを繰り返す。筆者はBさんによる動作単位の反復とBさんとの隔たりを感じ取りつつ、反復と隔たりを確保することに注意を向けこの反復が持続すべく動作単位を産出した。緊張の度合いが強く、それが徐々に緩和されつつあるBさんにとって他者と連動することそのものが経験となり学習となる。またこの反復の遂行はBさんの存在自体を肯定することにもなる。緊張の度合いに応じてBさんの動作産出を優先し他者はそれに対応することが求められた。

誘導・応答というカップリング・システムは応答する者の動作単位を産出する選択肢の幅をある程度自由に、相互の自主性を担保しつつ、誘導する者の存在は応答する者の開始条件となり応答する者の動作単位の選択肢の幅を限定する。そこには誘導に応じる了解という行為が生まれている。その了解において両者の連動の強度は比較的緩く、両者相互に大きな負担をかけず、両者の存在を肯定しつつカップリング・システムを起ち上げることが可能となる。

第3項　イメージ・役割設定

イメージ・役割設定は誘導・応答と同様に、自己、他者いずれか一方が事前に産出する動作単位を他方が受け入れるという構造を持つとともに、表象イメージによる役割設定により一方の動作単位が他方の動作単位を限定するカップリング・システムの構成素のタイプである。この連動の仕方では、動作単位の連動の試行において一方の動作単位そのものが他方の動作単位を限定することはないが、試行の持続のうちに一方が特定の表象イメージを産出し、それに基づく他方の役割を限定する強制力が生じ、イメージ・役割において相互に補完するカップリング・システムの構成素が産出される。Hさんと筆者による「押す―跳ね返る」という構成素による連動、第5章第1節第2項②の事例におけるBさん、Fさんと筆者による「追う―追われる」、「声を出す―声で動く」という構成素による連動がそれに当たる。ここでは、Fさんと筆者のデュオという関係性に焦点を当て第5章第1節第2項②の事例を捉えなおしてみる。

【事実記述】

Fさんに視野を向けつつも大きな動きをせず、急に接近することもせず、ゆっくりとした速度でFさんの眼前を移動する。そして受動的な動作で振る舞うことによって、Fさんからなんらかの動作を引き出すことを試みつつ巻き込み、Fさんの動作が筆者の動作の中に入ってくるタイミングを待った。すると、Fさんが筆者を眼差しながら接近する能動的な態度を見せ始めた。筆者が位置を少し移動したところ、Fさんは筆者を追ってきた。筆者は、両者の間の距離ができるだけ一定になるよう筆者の移動する速さをFさんの移動する速さに合わせ、両者の間隔を見ながら徐々に移動する速さを上げた。するとFさんも移動する速さを上げ始めた。Fさんが筆者を追いかける形となる。Fさんは筆者を追いかけ続け体育室を楕円形に一周した。一周する途中からFさんは筆者を追いながら、「チューチュー」や「プシュプシュ」という声をリズミカルに連呼し、同時に両手の人差し指で筆者をつつくような動作を繰り返した。Ｆさんと筆者は上記の動作を反復しつつ、およそ横40メートル、縦20メートルの楕円を2度にわたり踊り走ることを通じて、大きな空間を使うことができた。

次に筆者はＦさんの声に合わせ、追われつつ色々な動作を加えた。Ｆさんが発する声の音色や強さ、抑揚、リズムに合わせて、動作の仕方、速さ、高低、移動の過程を調整した。Ｆさんの発声の音色や強さ、抑揚、リズムも筆者の動きに合わせ始めた。その状態で、Ｆさんと筆者は体育室を楕円形にさらに2周した。

【考察】

筆者はＦさんの動作単位の産出が境界づける位相領域に注意を向け、Ｆさんの位相領域に隣接する形で筆者の位相領域を形成し、誘導を試みる。筆者が位相領域の位置を少し移動させたところ、Ｆさんはそれを追ってきた。筆者の動作の中にＦさんの動作単位が、Ｆさんの動作の中に筆者の動作単位が少し入り込んだ状態であると推測した。筆者が移動を維持するとＦさんはさらに追ってきた。この「追う」という動作単位の持続により、Ｆさんの「追う」、筆者の「追われる」という動作単位の反復により役割が設定され、ひとつのカップリング・システムが起ち上がった。Ｆさんはこのシステムに「追う」という形で関わり、筆者は「追われる」という相互補完的な形で関わりながら、両者それぞれに位相領域を形成していった。

筆者は一連の動作単位の持続に、「鬼ごっこ」という表象イメージを結び付けた。Ｆさんもその動き方と表情から、追い駆けっこという〝遊び〟のイメージを産出し、同様の気分を持ったものと推測した。Ｆさんは「チューチュー」や「プシュプシュ」という声の反復を開始した。この発声を手掛かりに、両者の動作単位に多様性を持たせるため、筆者は「血を吸われそうになって逃げ回る」という表象イメージを産出した。「追われる」と「血を吸われそうになって逃げ回る」という動作単位および表象イメージで役割設定、場面設定を行い、輪郭や感触を想起し、動作の仕方、速度、方向、高低、移動の過程を調整し動作を遂行した。さらに〝Ｆさんの声〟に筆者の動作を接続することにより、「音に反応し動く」という運動イメージを基に筆者の動作単位を産出した。筆者の動作単位の持続に連動しＦさんが発声の音色や強さ、抑揚、リズムを変えるという相即の性格を持ったカップリング・システムが起ち上がった。

Fさんと筆者は他者の動作単位、声を開始条件として動作単位を産出する。上述の表象イメージは恣意的に産出するのではなく自ずと生じることで、筆者とFさんの動作は柔軟かつ即応的に連動することが可能となる。

イメージ・役割設定を構成素とするカップリング・システムは強制的な側面をもちつつも表象イメージに基づく連動の安定した持続において、ある役割設定のうちに他者の存在に開きつつ、動作単位およびカップリング・システムにおける構成素の選択可能性の幅を拡大することを可能にするものと考えられる。

第4項　共　振

共振は自己および他者の動作の存在が広く開かれた状態において生じる、カップリング・システムの構成素のタイプである。隣接は自己と他者による構成素における連動であったが、共振は動作単位を産出するものの存在そのものにおける連動であり、開かれる度合いに応じ他者との連動の強度は変化する。共振におけるカップリング・システムの構成素として挙げることができるのは様々な情態性・気分、反復・リズム化である。第4章第2節第3項「予期」において取り上げた事例におけるGさんと筆者の「2つの円」および「2つの楕円」を描くという動作単位による連動、反復・持続による情態性／気分の変化がそれに当たる。つまり共振は両者それぞれの気分が現出し、一方の気分の現れと他方の気分の現れを相互に肯定するカップリング・システムの構成素のタイプである。それは安心、信頼に関わる気分を伴う。逆に他者に飽きる、退屈になる、不安になるといった否定する気分を伴う場合は最初から連動は成立していないが、気分の変容に伴い途中から持続を否定する気分が現われカップリング・システムが消滅する場合もある。そして肯定、否定の気分はともに強度を持ち、動作単位の産出に反映し、自己と他者の連動の在り様に浸透する。

Gさんと筆者は「2つの円」という同じ動作単位を反復するなかで、当初の「物怖じ」した気分から「安堵した」気分、「信頼に足る」気分へと移行した。この時点でGさんの存在は開き始める準備ができたものと筆者は推測した。筆者は反復の回数が増えるにつれて連動の強度が増したと感じたため、Gさんの動作単位の選択肢を増やしつつ連動の強度を減らすため両者で「楕円を描く」という動作単位へと移行しそれを反復した。その反復のうちにさまざまな「楕円を描く」という動作単位を通じてGさんの「生命感あふれる」気分の度合いが増し、反復を持続しつつ、強度は適当な度合いを保持したと筆者は推測した。この時点でGさんの存在はある程度開いていたと筆者は感じ取った。両者は「円を描く」という動作単位を反復し強度は一定に維持されていたが、ある時から、Gさんは無表情になり目線は筆者の動作周辺から離れ、遠く離れた方向を見続けた。この動作単位の反復における連動において当初の「物怖じ」した気分から「生命感あふれる」気分を経て「退屈」な気分へと移行したと筆者は感じ取った。この時点でGさんの存在はほぼ閉じていたと筆者は推測した。

共振というカップリング・システムは、自己と他者がいかなる連動の仕方で持続するかにより両者の存在の開かれの度合いを変えてしまう。そして共振は隣接、イメージ・役割設定、誘導・応答、いずれのタイプによるカップリング・システムの持続、移行においても常にそれらを規定するものとして働いている。反復・リズム化の遂行における調整は情態性・気分の性格、度合いを変化させ、その気分とともに自己および他者の存在の開かれの度合いが自ずと異なってくる。自己および他者の存在の開かれは「安堵した」気分、「信頼に足る」気分の基に「生命感あふれる」気分へと移行するよう動作単位の反復を調整することにより可能となる。

第3節　カップリング・システム起ち上げ・持続への気づき

第1項　動作／眼差しの尺度

他者の動きそのもの、他者による眼差しによる感じ取りにおいて、他者はその肌理細かさにおいて自己と同じ尺度を使っていると思ってはならない。個々の者は誕生以来、日常生活において学習、成長し、自ら固有の動作単位の在り様を形成してきた。動作単位産出の繰り返しにおいて動作単位、眼差しの尺度は形成され、それらの尺度が各自固有の肉体を活かしつつ、現在の動作単位に反映されているのである。自己と他者はお互いの動作単位、眼差しの尺度に注意を向け、それらを感じ取りつつ、それらに合わせて自らの動作単位の産出を調整し、それらを学習することで、他者との円滑なカップリング・システムの起ち上げが可能となるのである。

第5章第1節第1項におけるAさんの事例において、Aさんは固有の歩行のリズムをもち、それは歩行の肌理と言うことができ、それは固有の尺度を持つ。他者はその尺度を手掛かりとして連動を試行する。第5章第1節第2項の事例におけるBさんは眼差しにおける肌理が緻密に形成されていると思われ、他者の微小な動き、他者との隔たりを眼差しにおいて固有な尺度により肌理細かく感じ取っている。さらに眼差しの肌理細かさは、動作調整の肌理細かさに結びついている。Aさん、Bさんの他者となる人々はそれら尺度を丁寧に感じ取り、自己の動作単位産出の前提条件にしなければならないのである。

第2項　緊張状態や気分

肉体の緊張と心の緊張は連動している。自己は他者の眼差しの変化、表情、動作の持続、動作単位の選択可能性の多様さ、動作単位そのものの動きの円滑さ、移動の円滑さ、連動の円滑さから、他者の緊張の度合いを推測する。よって眼差し、動作、表情の変容、動作単位の選択可能性の多様さとその変容に注意を向け続けていなければならない。第5章第1節第2項におけるBさんの事例における緊張状態において、当初動作単位の選択肢は非常に少なく、表情の変化も当初見られなかった。それ以後、Bさんは緊張状態の度合いが減少するにつれ眼差し、動作単位の選択可能性は少しずつ拡がっていった。それらの変容からBさんの緊張状態の変化を推測することができる。

他者の気分については、他者のその変化を丁寧に感じ取り、推測、判断する必要がある。共振において持続する動作単位、表情のうちに気分が現れていることは感じ取れるが、その表情からその時点の実際の気分を導き出すことは困難である。なぜなら自己は他者の表情が気分による存在規定、緊張状態、他者の模倣行為などのうち、いずれの現れであるか確定できないからである。自己は他者の気分を推測することができるのみであり、動作単位産出の開始条件として取り入れることはできない。しかし、Bさんの緊張状態が緩んでいる時、明らかにBさんの動作の選択肢は増え、表情は無表情から笑顔へ変化し、他者に話しかける頻度や人数が増える。つまり気分の変化は即興ダンスの遂行時は勿論、遂行時以外の場面における在り様のうちにも見出される。他者の気分は共振における自己、他者の在り様において自己が推測し判断せざるを得ないものであり、自己はその判断を基に動作単位産出のための予期、調整を繰り返し試行することのうちに動作単位との円滑な連動を見つけ出す必要があるのである。

第3項　〝できる〟動作単位

動作単位について、そして動作単位を産出する構成素において、自己は他者はなにが〝できる〟のか、逆に言えば、他者はなにができないのか、について常に注意し、そこから気づきを得るよう努めていなければならない。そして〝できる〟動作単位、〝できる〟構成素はその都度かわり得るものであり、他者への先入見をその都度捨てる姿勢でのぞまなくてはならない。他者の〝できる〟構成素について先入見をもっていた場合、それを手掛かりにすると、動作単位産出の開始から恣意性をもった動作単位産出に陥ってしまう。その先入見を言わば括弧に入れたうえで、他者とカップリング・システムを起ち上げる動作単位をその都度産出しなくてはならない。そうすることにより他者の動作単位に即応することが可能になる。そして自己は他者とカップリング・システムを起ち上げた後、動作単位を産出しつつ、または動作を遂行し終わった後、他者の〝できる〟動作単位産出への習熟度、動作遂行の安定性に事後的に気づくことができる。それを他者の学習状況として自己は把握しつつ、その特徴を記憶しつつも、次の機会に再び踊る際にはその先入見を再び括弧に入れ、自己の動作単位産出、他者との連動を試行し、再度事後的に他者の〝できる〟動作単位、〝できる〟構成素を学習し、先入見を更新するという循環を繰り返すのである。

第4節　カップリング・システムの持続と疑似カップリングへの気づき

第1項　持続へ向けた気づき

自己と他者の間にカップリング・システムが起ち上がっている時、その起ち上がりはその都度その都度のものであり、次の瞬間において、カップリング・システムが起ち上がらない状態、つまりカップリング・システムが消滅する状態に陥る可能性を連動中、動作単位産出中であっても両者は常に蔵している。よって両者は連動状態に応じて適宜、異なる構成素のタイプのカップリング・システムを起ち上げたり、あるいは従来のカップリング・システムを消滅させたりすることができる柔軟性、選択可能性を持つことが望まれる。要は動作単位産出の持続において両者の間で動作単位の選択可能性をリセットしつつ、新たなカップリング・システムを起ち上げるといった柔軟で創発的な状態に自らを保つことが最も重要なのである。カップリング・システムの持続は、両者の間での連動の強度を増し、それによりカップリング・システムを安定させることができる。一方で、繰り返しになるが、両者あるいは一方がカップリング・システムの構成素の持続に飽きるという気分を招いたり、連動の強度が強すぎて動作単位の選択可能性の幅が狭くなる状態を招く。よってカップリング・システムの起ち上げにおける動作単位の選択可能性の拡大を最優先し、カップリング・システムの起ち上げと消滅、リセットを適宜調整することが望まれる。

第5章の事例研究においては2つの持続のパターンが見られた。一つは自己、他者ともに類似する動作単位の産出を持続し、その持続のうちに隙間を作り動作単位の選択肢を徐々に肌理細かく作り出していくものである。他方は自己の動作単位と他者の動作単位は関わりを持ち続けるが、他者の動作単位の産出等、他者の動作単位の輪郭やリズムと類似性を持たない形で相手の動作単位を契機として活用するものである。前者は前述のGさんの事例において顕著に見られ、最初円を描くという動作を反復するが、円を描くという動作は動作単位の選択肢の幅が狭いため、楕円を描くという動作単位に移行し、多様な形を描くことのできる楕円という動作単位の反復において隙間が生じ、それにより動作単位の選択肢を拡げ、動作の反復に多様性を持たせた。後者は第5章第1節第5項③の事例において顕著に見られ「配置」という構成素において連動は保たれつつも他の構成素におけるカップリング・システムの起ち上げは見られず、自己の動作単位の産出が他者の動作単位を産出する契機となることだけが続いた。この連動の仕方は自己と他者双方の動作単位を連動させようと試みることのうちに選択肢の幅が拡大するという仕方ではなく、両者が動作単位を産出するたびに、一方が他者に動作単位産出の契機を与えるパターンを持続させ、そのことのうちに多様な動作単位の選択肢の産出が可能になった。前者はその都度産出する動作単位ごとの差異において多様になり、後者は動作単位の産出の契機の創出において多様になるという違いを持つ。前者においてはどのような気づきが必要であろうか。類似した動作単位の反復において生じやすいのは動作単位そのものがもつ強度の増幅と過剰であり、退屈な気分である。動作単位の反復が円滑に持続するが、「円を描く」という動作を「楕円を描く」という動作単位に移行し、動作単位の反復に隙間を入れても、反復回数が一定量を超えると動作単位そのものの強度は増幅し、自己、他者、あるいは両者は動作単位の持続の過剰さを感じ取るようになる。それにより両者の動作単位は相互の動作単位産出を拘束し始め、他者に依存し、むしろ選択可能性を縮小する限定要因となってしまう。そしてこの動作単位の拘束が始まることにより、苦痛な感情とともに「退屈」な気分が生じる。この状態においては動作単位の持続のリセットあるいは持続自体を解消するデカップリングが必要になり、そのための気づきが必要になる。

第2項　疑似カップリングへの気づき

疑似カップリングとは、作為的に他者に連動していることを自ら演出している状態であり、最初からいやいや無理矢理に動作をしている場合や動作の持続にやる気を失っている場合に、そういったアプローチを選択する場合がある。他者あるいは両者を見る者が、両者は連動している、カップリング・システムを起ち上げている、と思っても、現実にはカップリング・システムは起ち上がっていない。疑似カップリングの状況はワークショップにおいても少なからずあることであり、その場合動作単位の輪郭に合わせ続ける。他者は動作単位の輪郭と動作単位産出の持続により形成される位相領域から、一見カップリング・システムが起ち上がっていると思いこんでしまう。この状況に気づくのは、例えば、動作単位の輪郭以外の部分においてである。それは動作単位を産出するために必要な構成素において、その構成素を調整するために他者が注意していなければならない事柄に他者自身の注意が向いていない時である。動作単位の輪郭のみに注意が行き、カップリング・システムを起ち上げることはできず、ただ両者それぞれが自己というシステムにおいてのみ動作単位を産出している状態となる。他者の動作単位は自らのなかに入っておらず、全く連動していないのである。意識的に意図する以前に予期・感じ取り・調整を行い、動作単位を産出するのが即興ダンスであり、それによって他者の動作単位産出に即応できているのであるが、疑似カップリングの場合、意識的に他者の動作単位の輪郭をなぞるように動作産出を行い、他者はそれに応じるとしても両者の動きのタイミングが合わない。その時に即応できていないこと、つまり疑似カップリングの状態にあることに気づくのである。他者の動作単位に即応してその場で、その他者の動作単位に応じた新しい動作単位を産出するという同期した連動はそこでは起こらず、常にずれが生じ、そこにカップリング・システムは起ち上がることはない。しかし、疑似カップリングに気づかない他者は連動できている、カップリング・システムが起ち上がったと思いこんでいるのである。繰り返しになるが、疑似カップリングは他者の動作の即応性、周期性によって気づくことが可能となる。気づいた時はそれまでの動作単位をリセットし、一からカップリング・システムを起ち上げることが望まれる。

第7章

即興ダンスの遂行による自己治癒

第1節　他者との連動可能性／動作単位の選択可能性の拡大

日常生活、社会生活において他者との間に即興ダンスのみならず仕事、遊びやゲームといったカップリング・システムをその場で起ち上げ、持続し、消滅し、再び他者との間にカップリング・システムを新たに起ち上げる能力を向上することができる。また自己独自の他者との連動の仕方を発見したり、他者と連動するための注意力や気づきを得る能力を向上することができる。

他者とともに即興ダンスを踊ることにより、他者の動作単位が手掛かりとなり、いままで行ったことのない自己の動作単位を産出するという学習を繰り返すことにより、動作単位の選択肢を一つひとつ増やしていく。他者と踊ることの意義はそこにある。カップリング・システムが起ち上がる以前に、他者に注意を向けたとき、両者の位相領域の間に隙間が生じている。そこには、その隙間を埋めていく動作単位の選択可能性が膨大に生まれている。両者は動作単位の選択・産出を持続しつつ、その隙間を埋めていく。その過程において連動が生じ、カップリング・システムが起ち上がる。カップリング・システムの起ち上げの持続を経験することにおいて、連動をより肌理細かく丁度良く、丁寧に遂行することが可能となる。以上の過程において重要なことは、両者が即興の状態にあること、つまり本来的存在様態にあること、他者に〝直面する〟ことにより自らを切羽詰まった立場に置いている状態にあることである。自らを本来的に投企することにより学習が始まるのである。日常生活における具体的動作を本来的な存在様態に置くことにより、思わぬ動作単位の産出とその持続が生まれる。つまり動作単位の選択可能性が拡大するのである。そして、動作単位の持続において選択肢が増すことができなくなった状態、恒常的であることから抜け出せなくなった状態に至った時には、それまでの動作単位の選択、他者との連動の持続をリセットする。そして、ある動作単位産出の開始からリセットまでが自己治癒における一区切りであり、そこにおける心身の状態が新たな構成素によりカップリング・システムを起ち上げる開始条件として機能する。その時、他者と関わることでパターン化された動作から脱することが可能となる。その局面での気づきが動作単位の選択可能性をさらに拡大するのである。

カップリング・システムの起ち上げ、持続においては、①他者が〝できる〟構成素に気づく、②他者の動作に入りこむ動作単位を産出する、③動作単位産出後、他者の反応を手掛かりとして、次の動作単位を産出する。他者と連動するまでそれを繰り返す。他者と連動できた場合、④他者と連動できているか否かに常に注意する、⑤他者との関係における自立状態／依存状態を感じ取る、⑥他者との連動の繰返し過程に現れる区切りに注意する、⑦他者と連動しているカップリング・システムから〝その次の〟新たなカップリング・システムへ円滑に移行可能な構成素を産出する、という他者への適応能力を考えることができ、以上の過程を経ることにより、カップリング・システムの起ち上げと持続、〝その次の〟カップリング・システムへの移行を円滑に遂行することが可能となる。この過程を繰り返し経験することにより、他者への適応能力を養うことが可能になる。

つまりカップリング・システムの起ち上げを繰り返すことにより、①状況に適した構成素を選択し他の構成素を再編する、②構成素の選択肢や肌理細かさを拡張する、③状況に適応すべく従来持ち得なかった構成素を産出し他構成素と連動する、という能力を獲得し、他者への適応力を高めることが可能となるのである。

そして、右記の遂行内容はすべて意識する以前に達成される。なぜなら、他者の動作単位に即応し〝次の〟動作単位を産出するからであり、意識上で右記内容を遂行すると、自分の動作に入ってくる他者の動作に即応できず、適切な動作を他者に返すことができないからである。動作単位産出以前に遂行内容を意識することにより、両者の連動はぎこちないものとなり、カップリング・システムは消滅してしまう。

逆に、意識する以前に上記の遂行内容が繰り返し実践されることにより、動作継続の円滑さ、カップリング・システムの起ち上げ、持続、移行の達成に有効に働き、それらを身に付けることができ、他者への適応力の向上が可能となる。

第2節　安心感につながる恒常性・安定性の向上

他者とカップリング・システムを起ち上げている状態は〝変化はするが定常的な状態〟、〝産出しつつ安定している状態〟である。他者が産み出す動作単位を自己に投げかけてくる時、たとえカップリング・システムを起ち上げる時の最初の連動がぎこちなくとも、他者と自己の連動の試行の繰り返しにより、安定した連動へと移行していく。その状態をつくっていけるようにする能力そのものが他者という存在との関わりにおける「自己回復力」である。ではカップリング・システムを起ち上げる「自己回復力」は「自己治癒」という概念とどのように関わりうるのか。

「自己治癒」は〝生物自身の調整による身体内部の恒常性の維持〟の概念として、古代の哲学者ヒポクラテスにはじまり、19、20世紀のドイツの生理学者プリューゲル、ベルギーの生理学者レオン・フレデリック、フランスの生理学者シャルル・リシェ、生物学者クロード・ベルナール、アメリカの生理学者W・B・キャノンによって探究された。クロード・ベルナールは、〝外部環境に対し肉体内部の恒常性を維持するために「内的環境」を持っている〟ことを示し、「内的環境」である血液流量の増減調整により体温が一定に維持される等の体内における調整機能を明らかにした。そして、W・B・キャノンはすべての生理機能に上記概念を展開し、〝生物の内部環境は不安定であり、しかも外部環境と交換している開放系であるにもかかわらず、恒常性に向けた維持機能により内部環境が「変化はするが相対的に定常的な(340)」安定した状態〟を保つと定義づけ〝ホメオスタシス〟と名付けた。上記の定義づけはいずれも内部環境の生理機能という局面において行われており、自己治癒した状態を内部環境の安定状態として扱っている。それではこの生理機能における「自己治癒」の概念を身体運動という局面における「自己治癒」に展開可能だろうか。身体運動において内部環境は「変化はするが相対的に定常的な(341)」安定した状態であることは、自己という動作単位産出システムにとって重要であることは言うまでもない。身体運動において生理機能と同様に、他者との関わりが行われ、ハイデガーが「社会相互的存在」と呼んだ関係においても「変化はするが相対的に定常的な(342)」安定した状態が必要となる。安定した状態は消極的な状態を表すのではない。そのことは、どのような動作をしても〝次の〟動作単位産出を持続しえる状態を担保することを意味している。どのような激しく過酷な身体運動を行うダンサーやアスリートであっても「変化はするが相対的に定常的な(343)」安定した状態を確保しつつ動作単位の産出を持続している。さらに二人以上の複数でカップリング・システムを起ち上げつつ身体運動を遂行する状態にあっても、その連動を維持しつつ、各人それぞれに「変化はするが相対的に定常的な(344)」安定した状態を確保している。そしてこの「変化はするが相対的に定常的な(345)」、「自己治癒」に到る過程において、新しい連動の仕方、動作単位の産出の仕方が生まれてくるのである。つまり、身体運動における「自己治癒」は安定化と産出が連動して働く関係にあるのである。動作単位を産出するためには、その産出のもととなる前の動作単位が必要であり、それを手掛かりに次の動作単位の産出を反復することにより動作産出は維持される。この反復が止まること、または消失することが、「自己治癒」の不成立という状態にあたる。この「自己治癒」の状態に至るためには、他者という現存在の到来が大きく左右する。繰り返しになるが、他者の産出する動作単位を自己に投げかけてくる時いかに適切に反応し、最初のうち連動がぎこちなくとも、他者と自己の連動の試行の繰り返しにより、安定した連動へと移行していく。その状態をつくっていけるようにする能力の習得が他者という存在との関わりにおける「自己治癒」なのである。その安定した連動へと移行していく過程において鍵となるのは、前節で述べた動作単位の選択可能性の拡大、連動可能性における自在さの獲得である。

本書では「自己治癒」の概念として、「生物自身の調整による身体内部の恒常性の維持」という概念に、身体運動における上記の鍵概念を加えることを提案する。前者は内部環境であるところの自己という存在の形成するシステムにより遂行され、後者は外部環境、つまり他者と連動するカップリング・システムにより遂行される。

まとめると「自己治癒」とはつまり「自己という存在の形成するシステムにおける存在可能性および動作単位の選択可能性の拡大とそれによる選択の自在さの獲得、そして他者という存在と起ち上げるカップリング・システムにおける選択可能性の拡大、これら選択可能性における選択の自在さの獲得」なのである。

「自己治癒」の前提条件は、即興ダンスに臨む者本人が自発的な身体運動を遂行することであり、その遂行過程において、動作単位の選択可能性の拡大と適切な選択能力、他者と連動する能力を自ら身につけていくことである。つまり、これらの動作は他者による事前に決められた動作の指示にしたがい動作することで身につけていくことではなく、他者の産出する動作に注意し、自己、他者を運動感覚・内部感覚で感じ取りつつ、予期を行ない、身体・運動イメージを形成しつつ、配置、肌理・隔たり・方向を調整しつつ、動作単位を産出し、その過程を反復しリズム化するなかで、一つひとつの過程において気づきを獲得し、それら気づきに基づき各過程の選択肢を増やし、それら可能性のうちにおいて柔軟で適切な選択を可能にすべく学習を行うのである。この過程そのものが「自己治癒」に当たるのである。この過程は同時に学習過程であり、学習の内容は自己の身体運動そのものとの関わり、他者との連動の試行と成立を繰り返すことにより学習されていく。学習の仕方は、次の項で述べる最近接領域において、他者の動作単位に直面し、自らの動作単位を選択する経験を持続することのうちに、その都度の場面において適応すべき動作単位、その産出を可能にする構成素、その構成素とその他の構成素の連動の仕方を経験し、選択肢とその適応の仕方、強度の調整の仕方を選択的に学習する。そして、それら学習内容が意識的にではなく、意識する以前に活用することができるように自己を仕上げ、さらに反復可能となるように自らのうちに身に付ける。それにより身体運動における恒常的に連動する構成素と選択的に連動する構成素の選択可能性と連動の自在さが増していく。それにより存在可能性および動作単位の選択可能性の拡大、第4章で述べたカップリング（連動）の連動可能性の拡大、そしてこれら選択可能性における選択の自在さの獲得、つまり身体運動における「自己治癒」が進展するのである。

第3節　自己を肯定する機会の拡大

他者との連動の最中において、さらにそれら連動の機会を重ねることにより、他者からその存在を〝否定〟されるのではなく、自己は〝肯定〟される経験を持つ。同時に自己は他者を肯定し、さらに自己を〝肯定〟する経験を持つ。それにより自己の存在の開かれとその度合いを学習する。

『哲学への寄与』においてハイデガーは前述のとおり「「生」は、存在を欲すること」であると述べている。「存在を欲する」とは存在の生成を欲することである。過度の緊張等、非常に厳しい状態を持ち、存在の開かれの度合いが低くとも、自己の動作産出を否定することなく、一つひとつの動作単位を産出し続けているのである。それは動作単位の差異が生成され続けていることであり、生きることそのものである。この差異の産出の繰り返しは自己の生を〝肯定〟することであり、存在は否定を含まない偶然性、つまり恣意性を持たないという意味での必然性において自己という存在を生成する行為なのである。つまり即興ダンスを行う者は生きる者として固有性、差異の産出、必然性を充足することを「欲する」のである。即興ダンスにおいて他者とカップリング・システムを起ち上げている時、他者の動作単位との間に一切の隙間が生じることなく、同時に差異の産出が円滑に行われている状態に出くわすことが稀にある。その時他者の表情は自然である。それは自らの存在を開き、相互を〝肯定〟しあっている状態であると筆者は考える。他者の動作単位と隙間が生じていないということは固有性、差異の産出、必然性を充足している状態であると捉えることができるのである。この経験は自らを認めるという「自己治癒」への第一歩へとつながるものである。そして、この動作単位の産出、差異の産出の遂行において、自己という存在が十分明け開かれることにより、その開かれに適った固有性、必然性を確保することができるのである。

第4節　自己表現力の向上

自己の動作単位産出は他者、物理的環境に適応すべく構成素の選択と編成・連動、強度や質の調整からなり、それらの適切な遂行が他者、物理的環境への〝適応〟の成否を決定付ける。前景化する構成素、連動する構成素、強度や質の調整はいずれも選択という行為を含んでおり、直面するその都度の状況において最も適切な選択肢を選べるように、方向づけられた選択肢の産出が求められる。そのためには従来持っていた選択肢における強度や肌理を細かく拡張すること、新たな選択肢を産出する能力が求められる。他者の動作が自らの動作のうちに投げかけられてきた時、自己においては、ひとつの動作の持つ強度、肌理において、それらの肌理を細かくしていくことにより適応能力を高め、他者の動作の持つ強度、肌理の細かさに合わせ円滑かつ丁寧に連動を行うことを可能にし、自己においては、これまで獲得していた選択肢で他者の動作に対応することができない場合であっても、その場でこれまで獲得していなかった選択肢を新たに産出し、自己の持つ選択肢の幅、つまり選択可能性を拡大し、他者との連動可能性の幅を拡大する契機を得ることが可能となるのである。

前者を産出すべく、身体動作を産出する各構成素、すなわち身体運動に直接的に連動する①注意、②運動感・内部感覚の感じ取り、③予期、④身体・運動イメージの形成、⑤配置、⑥肌理・隔たり・方向の調整、⑦反復・リズム化、身体運動に間接的に連動する①呼吸の調整、②皮膚感触の感じ取り、③表象イメージの形成、④眼差しによる感じ取り、いずれにおいても強度、肌理を細かくすることができ、そのことが産出する身体運動の選択、調整に連動している。各構成素における強度、肌理の細分化はそのまま身体運動による自己治癒につながるものと筆者は考えている。これら選択肢は意識上において知識として学習しても獲得することはできず、身体動作における動作単位の産出の繰返しにより気づきを得ることで学習され、意識する以前に現れ出ることにより、その獲得を確認できる。以上のことは、言い方を換えると、各人の〝できる〟領域の拡大であり、その結果として自己の動作、他者の動作への連動の自由度を高めるとともに、必然性を持つ動作をより可能なものとする。その結果、他者への肌理細かい柔軟な適応が可能となるのである。

動作単位産出により新たな構成素が産まれたり、肌理が細かくなったりするなど、一歩先に自己治癒が進んだと思われる状況が訪れる。そのことを連動している他者に自己がそのことを一つの出来事として捉え伝えることができるか否かは、その他者の身体運動における「自己治癒」に大きな影響を与える。よってその状況に他者が気づくこと、または自己が気づくための上記各構成素における強度や肌理に関する価値基準が必要となる。それまでの動作単位の産出ネットワークに変容が起き、〝次の〟動作単位、そして一連の動作が変わるという持続の中でその変容を価値基準のうちに位置づけるのである。

第一章で取り上げた、土方巽の作り出した舞踏は絶望から始まる。その絶望とは動作遂行の可能性のなさである。自己自身は動作単位の選択肢を選ぶことができない、動作を遂行する器用さ、体力のない、動作を遂行することができない状態から、動作単位の産出は開始され、動作単位の遂行、持続へと移行する。その肉体、動作単位とその産出の持続を土方は「衰弱体」という概念により規定し、そのメタファーとして老婆、幼児他の動作を使用した。「衰弱体」とはどのような状態であるのか。土方の弟子のひとりである小林嵯峨はワークショップにおいて「老婆の歩行」について次のように教える。舞踏の稽古においては音楽に合わせ踊るのではなく、言葉を手掛かりに踊る。「老婆の歩行」は、次の言葉を手掛かりに動作単位の産出を遂行する。

①床に腰をついてしまい起き上がろうにも起き上がれない絶望した状態。
②全く動かない、どうしようもない。絶体絶命。
③絶望から立ち上がってみよう。
④目も耳もあまり使えない。手も足もあまり使えない。おてて、あんよ。
⑤やっと立つ。
⑥思いは前、身体はついて行かない。眼は干し葡萄。
⑦（自分を置いて歩みを進める他者に）おーい待って。一歩、二歩いてみよう。

まず①の状態では絶望という気分において、両手足を満足に使えない自らにおいて動作の選択可能性を自覚している。しかし、「他者に置いて行かれたくない」という思いが生じ、目も足も手も足も満足に使えない状態で立ち上がろうと動作単位の選択肢を身体運動で模索する。身体をゆするなり、一度身体を床に倒して見るなりすることで隙間を作り、〝次の〟動作単位の手掛かりを得、床に手を突く、床に足を突くなどし、手足、胴体、頭の重力による重さのバランスを取り、それぞれの部位を動かし、配置を調整し、力の入れ具合を変え、各部位の振動を利用するなどして、徐々に立ち上がっていく。その過程において肉体は力を放出しつつ且つ力も蓄える。この立ち上がる経過のうちに動作単位の持続が輪郭として微細に形成されるとともに、力の入れ具合の変化、振動は動作の質として現れる出ることとなる。そして、その過程を経ながら絶望した気分から、立ち上がり歩くことができるという希望を持てる気分、さらに他者に関わり、他者に向かって歩くことができるという活発な気分へと情態性は移行している。その希望を持てる気分に先導されつつ、ようやく立った身体が前方へと歩行を開始する。そして活発な気分に誘導され一歩一歩歩みを進めることが可能となる。「衰弱体」を前提条件としたこの動作単位の産出と情態性の移行は、動作単位の選択可能性を持たない状況から丁寧に自分自身の力で動作単位の選択可能性を獲得し拡大する過程と言うことができる。即興ダンス遂行時、自分自身の動作単位産出の可能性のなさに絶望することは頻繁にある。なんらかの指示は一切なく、音楽もなく、言葉もなく、ただ広い空間に自らを投げ出した時、そこに在るのは肉体とそれを支える地面だけであることを感じ取った時に生じる絶望である。そこに他者がいる時、他者の動きや位置は手掛かりとなる一方、その他者とのカップリング・システムの起ち上げに失敗し手掛かりが自分自身に現れていないことに気づいた時の絶望、さらに他者と連動できたと思っても出来ていない時の絶望など、それら絶望の内にあっても何らかの手掛かりを得つつ、試行を繰り返す過程において動作単位の選択可能性、他者との連動可能性を少しずつ拡大する以外に方法はない。これら学習過程が自己治癒の過程そのものなのであり、自己を表現するものである。「衰弱体」という基本姿勢から始める舞踏、舞踏由来の即興ダンスそのものの内に、自己治癒の過程が学習過程として内蔵されているのである。

第5節　社会参画能力の向上

即興ダンスワークショップの非健常者と呼ばれる参加者の多くは日常生活において教育機関や福祉施設、作業所や企業に通い、居住する地域コミュニティで行われる福祉関係のダンスや様々なアートイベント、展覧会などに出演、出品するなど積極に社会参画を遂行している。教職員や同級生、福祉施設の職員、作業所や企業の同僚、地域コミュニティの居住者といった他者とともに自らの〝できる〟領域で学習し働き、規範に従いつつ自己表現を遂行する。

即興ダンスのワークショップは上記の規範をできるだけ取り払い、日常生活の隙間のうちに質の異なる経験をする場である。他者とともに日常とは異なる形で自由に自己を表現することにより、自ずと他者との連動可能性／動作単位の選択可能性を拡大し、他者との関わりに専念することで自らへの気づきを増やし、自己を肯定する機会を増やし、自らの表現力を向上させ、それを日常生活に持ち帰る。これらを綜合した上で、規範を有する社会参画における様々な局面において、様々な手掛かりを得つつ、他者とともに交流の質を高め、様々な経験を積みつつ、他者との交流を広げ、そのなかで参加者が各々の生活そのものを制作してゆく。そこで健常者／非健常者ともに求められるのは、他者との差異を受けいれ、相互を尊重するとともに自らを自由にする態度であり、その都度の他者との出会いのうちに前提条件として求められる。そしてこの前提条件が充たされることにより、社会参画能力の向上が見込めるのである。

第8章

即興による動作産出・他者連動研究の課題

本書では、即興ダンスという身体運動について、「動作単位の産出システム」、「他者とのカップリング・システム」、「即興ダンスによる自己治癒」という三つの仮説を設定した。第5章での事例研究に基づき次のような結論を得ることができた。

第1に、即興ダンスという身体運動の動作単位がいかなるメカニズムで産出されるか、その構造をモデルとして設定した。

「注意」、「運動感覚・内部感覚の感じ取り」、「予期」、「身体・運動イメージの形成」、「配置」、「肌理・隔たり・方向の調整」、「反復・リズム化」、「呼吸の調整」、「皮膚感触の感じ取り」、「表象イメージの形成」、「眼差しによる感じ取り」、「情態性／気分」という身体運動を産出する構成素を設定し、これら構成素を状況に合わせ選択・連動し動作単位を産出する。そして〝前に〟産出した動作単位を手掛かりに〝次の〟動作単位を産出することを繰り返すというメカニズムモデルである。第5章の事例研究を通じて、右記メカニズムモデルについて明らかになったのは次のとおりである。

まず動作の産出・持続に重要な構成素として明らかになったのは「配置」である。物理的環境、他者との関わりにおいて適切に自らを被投的投企により位置づけることができたか否かにより、動作単位産出の反復、持続が成功するか否かが決定する。さらにその位置づけにより、他者の動作単位の選択可能性を有効に拡大することができるか否かが決定することが可能になるのである。

また動作単位を産出する契機、動作の方向性の手掛かりを与える構成素として明らかになったのは「反復・リズム化」である。とくに他者がどのように動こうかわからず戸惑っている時に、試行のうちに生じた自己あるいは他者の特定の動作単位を「リズム」化し「反復」することで、他者の動作単位の産出にその契機と一つの方向性を手掛かりとして与えることができるのである。

そして〝気づかれなければならない〟構成素として明らかになったのは「肌理・隔たり・方向の調整」であり、特に「肌理」が重要である。人により動作単位、眼差しの「肌理」は異なる。それはそれぞれの人の緊張、麻痺などの身体状況や学習状況に応じて各人固有の動作単位、眼差しの「肌理」を形成しているからであり、自己は他者の「肌理」に気づき、その「肌理」に合わせることにより、動作の円滑な持続、それによる他者の動作単位の選択可能性の拡大が可能となる。また他者との「隔たり」の取り方により、自己と他者が持ちうる動作単位の選択可能性、連動可能性、カップリング・システムの持続可能性が自ずと決定されるという意味で、「隔たり」は重要な調整要因となる。

以上4つの構成素の働きの検討を通じて「注意」、「運動感覚・内部感覚の感じ取り」、「予期」、「身体・運動イメージの形成」は、それら4つの構成素を制御し動作単位の選択可能性を拡大する基盤として機能していることも明らかになった。

「表象イメージの形成」は動作単位の産出と持続の円滑化を促し輪郭を持たないが、動作単位産出の結果に輪郭を与える強い手掛かりとなっている。「表象イメージ」が輪郭を持たないまま、いかに具体的なイメージを機能させるのか、そのメカニズムを今後明らかにする必要がある。

「眼差しの感じ取り」については動作単位産出の調整要因であるとともに、「呼吸の調整」、「皮膚感触の感じ取り」とともに動作の持続の恒常性を保つための機能として動作単位産出の基盤となる性格のものであることも明らかになった。

「情態性／気分」は動作単位産出の持続に全体を通じて働いているがゆえに、他者に「情態性／気分」の変化が生じたとき、自己も他者もその変化そのものを恣意的に変化させようと試みることはほぼ困難であり、むしろ相手の気分の変化を待ちつつ連動を持続するための動作単位産出の試行を持続し手掛かりを得ることの重要性が明らかになった。その変化にいかに対応すればよいのか、根本的な考察が求められる。

第二に、他者との動作によるカップリング・システムをメカニズムモデルとして仮説設定し、第5章での事例研究を基にカップリング・システムの構成素を「隣接」、「誘導・応答」、「イメージ・役割設定」、「共振」のタイプに分類した。これらカップリング・システムのメカニズムにより自己と他者の連動の仕方を構成することができた。そしてこれら構成作業において明らかになったのは、これら四つのタイプのカップリング・システムが、「誘導・応答」と「イメージ・役割設定」、「イメージ・役割設定」と「隣接」、「誘導・応答」と「隣接」、「隣接」と「共振」という具合に性格の異なるカップリング・システムの構成素同志が重層的に連動することが、実際の他者との即興ダンスのうちに生じていることである。性格の異なるカップリング・システム同士がどのような形で、ひとまとまりの運動においていかに連動しているのか構造的に研究する必要がある。それは今後の課題である。

また、複数のカップリング・システム同士をいかに円滑に接続するか、その方法を確立することは今後の課題である。様々な在り様、強度を持つカップリング・システム同士がそれぞれの持続の中で重層的に連動したり、またはカップリング・システムが起ち上がり続ける中で、カップリング・システムを起ち上げるメンバーの一人が別のカップリング・システムに移ったりすることは、ワークショップという実践の場では少なくない。それら複数のカップリング・システムの間で生じる関係の変化、カップリング・システムと個々のオートポイエーシス・システムの関係をさらに存在論的、構造的に分析しメカニズムモデルを構成することが求められる。

さらにカップリング・システムの持続において、その持続から生じた感情の転移も見受けられたことから、同システムのメカニズムに感情の転移のプロセスを取り込むことが必要である。

第3に、身体運動における自己治癒については、「他者との連動可能性動作単位選択可能性における自己治癒」、「恒常性・安定性による自己治癒」、「自己肯定による自己治癒」、「自己表現としての自己治癒」、「社会参画能力の向上による自己治癒」という自己治癒の形を動作単位産出システム、カップリング・システムのメカニズムに結びつけ導き出した。

特に「自己肯定による自己治癒」については「反復」が大きな役割を担った。「反復」は新たな差異、隙間をその都度つくりだす行為であり、動作単位の選択可能性を拡大する自己治癒に相当する。さらに「反復」はそれのみではなく自己肯定を繰り返す行為であり、他者により自己の存在を繰り返し肯定されることが自己治癒のあり方につながることを明らかにすることができた。

そして「自己表現についての自己治癒」において、自己の存在の開かれの度合いがそのまま表現となる。その開かれは動作単位の選択可能性、連動可能性のない絶望からがそれら可能性が徐々に拡大していくことであり、開かれの度合いと動作単位の選択可能性、連動可能性が構造的に結びついていることも明らかにすることができた。

おわりに、ハイデガーとメルロ＝ポンティの考え方を手掛かりにしたことの意味について触れておきたい。第1章において『存在と時間』、『哲学への寄与』に基づくハイデガーの存在論の検討、第2章においてメルロ＝ポンティの身体運動論の検討から取り出した意義と課題はいずれも動作単位産出システム、カップリング・システムのモデル化における構成素のうちに活かされた。とくにハイデガーにおける「本来的存在様態」、存在の「開かれ」という在り様は即興ダンスの遂行全体を性格づけるとともに、動作単位産出、他者とのカップリング・システム起ち上げの前提条件および、開始条件として、即興ダンスを行う者がその経験を獲得しなければならないことが明らかとなった。即興ダンス遂行のうちに「本来的存在様態」、存在の「開かれ」が動作単位産出、他者との連動の底奏として働き続け、その働きのうちに、他者との連動可能性／動作単位の選択可能性の拡大、恒常性維持、自己肯定、自己表現、社会参画能力の向上が可能となることも第5章の事例研究から明らかとなった。つまりハイデガーの存在論は動作単位産出、他者との連動、それらによる自己治癒のメカニズムを説明する概念として有効性をもつことが本書の考察において明らかになったのである。

謝辞

本書は２０１５年立教大学大学院文学研究科に提出した博士論文を基に、その後の研究成果を盛込み、大幅に書き改めたものです。本書は多くの方々との出会い、ご指導、ご助言により成り立ちました。

博士論文の指導教授である佐々木一也先生（立教大学）には、明晰で的確なご指導と力強い励ましをいただきました。存在論、身体運動論、オートポイエーシスを基に即興ダンスという身体運動を研究する、先の見えぬ困難な道を忍耐強く支えていただき、私の拙い力をなんとか活かそうと尽力してくださいました。そのおかげでこれまでの研究をひとつの成果物として出版することができました。感謝の念に堪えることはありません。

さらに副指導教授を務めていただきました林文孝先生（立教大学）には中国哲学、副島博彦先生（立教大学）にはドイツ文化論、身体文化論、舞踊論の観点から貴重なご助言、ご指導と査読への労をお取りいただきました。ここに深く感謝いたします。

河本英夫氏（東洋大学）にはシステム論、オートポイエーシス論、身体運動論について貴重なご助言とご示唆を頂き、深く感謝申し上げます。

森下隆氏（慶應義塾大学アート・センター）には舞踏の歴史、舞踏論について貴重なご助言とご示唆、さらに舞踏を築いた舞踏家の方々によるワークショップへの参加の機会を頂き、深く感謝いたします。

そして即興ダンスをご指導いただいている岩下徹氏（即興舞踊家、山海塾舞踏手）に深く感謝申し上げます。初めて即興ダンスのワークショップに参加した時の感動が本研究の出発点となり、即興ダンスの考え方と実践、ダンスセラピー、舞踏について多くを学ぶことができ、現在に至っております。

故大野慶人氏（大野一雄舞踏研究所）にはご自宅稽古場でのワークショップにおいて、実践とともに舞踏の基本的な考え方、日常生活の大切さについて深く丁寧にお教えいただきました。ここに深い感謝の意を表します。

なにより即興ダンスワークショップの参加者、ご家族の皆様、そして運営主体である新座クリエイティヴ・ワークショップ実行委員会の皆様には、底知れぬ学びと強い励まし、温かいお言葉をいただきました。ここに深くお礼申し上げます。

本書出版につきましては、晃洋書房の井上芳郎氏にお声がけをいただき、温かいご支援をいただきました。深く感謝いたします。

その他さまざまな人びとのお世話になりました。すべての方々の名前を記すことはできませんが、心よりお礼申し上げます。

なお本書は２０２０年度立教大学の出版助成により出版されます。関係諸氏に深く感謝申し上げます。

２０２１年２月

鈴木信一

註

（1）「舞踏」とは舞踊分野のひとつである。ドイツ表現主義舞踊（ノイエタンツ）を学び舞踊家として活動していた土方巽、大野一雄はそれまで身に付けたものを壊しては作る作業を開始し、その過程において「舞踏」を形作った。最初の作品は土方巽、大野慶人（大野一雄、長男）による『禁色』（1959年）であり、共感した舞踊家、美術家らを交え、実験的かつ即興性の高い公演を展開した。1970年代、土方巽は「舞踏」独自の舞踊言語（言語とそこから産まれる動作からなる）の構築に向かい、一方大野一雄は映画製作による試行などを経て1977年『ラ・アルヘンチーナ頌』により「舞踏」を再開し、数々の作品を発表した。以上の過程と並行し、数々の舞踏家、大駱駝艦や山海塾などの舞踏カンパニーが産まれ、数々の作品が発表され現在に至っている。近年は欧米、南米など海外においても「舞踏」の認知度は上がり、世界各地で毎年、日本人舞踏家を中心に公演、ワークショップが開催されている。本書で取り上げるワークショップを指導する岩下徹は山海塾に所属する一方で、ソロ活動では舞踏に基づく即興ダンスを踊り、同ダンスによる非健常者、健常者を交えたダンスセラピーに力を入れている。

（2）湘南病院で行われて来たワークショップでの即興ダンス実践の過程や出来事、そこから導き出された課題については岩下氏、橋本光代氏（医療法人周行会湖南病院）の共著論文「精神病院におけるダンスセラピーの試み――少しずつ自由になるために」のなかで丁寧な記述がなされている。

（3）岩下徹、2001、「少しずつ自由になるために――交感としての即興ダンスを求めて」『現代のエスプリ』至文堂、413：170。

（4）岩下徹、2001、「少しずつ自由になるために――交感としての即興ダンスを求めて」『現代のエスプリ』至文堂、413：170。

（5）岩下徹、2011、「私の考えるダンス」『日本芸術療法学会誌』日本芸術療法学会、42：23。

（6）岩下徹、2001、「少しずつ自由になるために――交感としての即興ダンスを求めて」『現代のエスプリ』至文堂、413：173。

（7）岩下徹、２０１１、「私の考えるダンス」『日本芸術療法学会誌』日本芸術療法学会、42：23。
（8）岩下徹氏手稿『即興について』より。
（9）岩下徹、２００１、「少しずつ自由になるために」『現代のエスプリ』至文堂、４１３：１６５。
（10）岩下徹、２０１１、「私の考えるダンス」『日本芸術療法学会誌』日本芸術療法学会、42：23。
（11）岩下徹、２０１１、「私の考えるダンス」『日本芸術療法学会誌』日本芸術療法学会、42：23。
（12）筆者が２０１５年12月16日に岩下徹氏にインタビューし聴取した文言である。
（13）土方巽、２００５：１９７-２０３
（14）SZ42（15）SZ7（16）SZ192（17）SZ182（18）SZ124（19）SZ142（20）SZ137（21）SZ161（22）SZ145
（23）SZ137（24）SZ145（25）SZ161（26）SZ161（27）SZ135（28）SZ135（29）SZ41（30）SZ43（31）SZ43
（32）SZ43（33）SZ53（34）SZ121（35）SZ126（36）SZ121（37）SZ53（38）SZ181（39）SZ269（40）SZ250
（41）SZ270（42）SZ250（43）SZ250（44）SZ250（45）SZ250（46）SZ252（47）SZ268（48）SZ272（49）SZ273
（50）SZ273（51）SZ297（52）SZ263（53）SZ264（54）SZ264（55）SZ237（56）SZ245（57）SZ245
（58）土方巽、２００５：２００-２０１
（59）SZ240（60）SZ240（61）SZ249（62）SZ274（63）SZ338（64）SZ276（65）SZ53（66）SZ184（67）SZ140
（68）GA65, 58（69）GA65, 58（70）GA65, 55（71）GA65, 55（72）GA65, 55（73）GA65, 245（74）GA65, 298
（75）GA65, 119（76）GA65, 101（77）GA65, 102（78）GA65, 12（79）GA65, 298（80）GA65, 298（81）GA65, 298
（82）GA65, 298（83）GA65, 298（84）GA65, 298（85）GA65, 102（86）GA65, 103（87）GA65, 103（88）GA65, 103
（89）GA65, 103（90）GA65, 55（91）GA65, 12（92）GA65, 194（93）GA65, 194（94）GA65, 194（95）GA65, 113
（96）GA65, 113（97）GA65, 113
（98）土方巽、２００５：１９７-２０３
（99）岩下徹、２０１１、「私の考えるダンス」『日本芸術療法学会誌』日本芸術療法学会、42：23。
（100）SZ134（101）SZ136（102）SZ135（103）SZ137（104）SZ137（105）SZ134（106）SZ134（107）SZ43（108）SZ134
（109）SZ135（110）GA65, 14（111）GA65, 34（112）GA65, 307（113）GA65, 35（114）GA65, 35（115）GA65, 17

（116）GA65, 15（117）GA65, 16（118）GA65, 16（119）GA65, 16（120）GA65, 17（121）GA22（122）GA22（123）SZ148
（124）SZ148（125）SZ161（126）SZ155（127）SZ162（128）SZ162（129）SZ162（130）SZ162（131）SZ161（132）SZ162
（133）SZ162（134）SZ161（135）SZ163（136）SZ163
（137）原題「精神と肉体 四次元の舞踏」『新評』１９７１年５月号、新評社。
（138）土方巽、２００５：２３７
（139）土方巽、２００５：２３７
（140）土方巽、２００５：２３８
（141）土方巽、２００５：２３８-９
（142）土方巽、２００５：２３９
（143）土方巽、２００５：２４１
（144）土方巽、２００５：２４１
（145）土方巽、２００５：２４１
（146）SZ167（147）SZ151（148）GA65, 259（149）GA65, 259（150）GA65, 259（151）GA65, 260（152）GA65, 260
（153）GA65, 259（154）GA65, 260（155）GA65, 260（156）GA65, 260（157）GA65, 260（158）GA65, 231（159）GA65, 231
（160）GA65, 231（161）GA65, 231（162）GA65, 114（163）GA65, 114（164）GA65, 231（165）GA65, 114（166）GA65, 231
（167）大野一雄による自宅での稽古に１９９５年３回参加した経験に基づく。
（168）SZ121（169）SZ121（170）SZ121（171）SZ124（172）SZ118（173）SZ118（174）SZ118（175）SZ121（176）SZ121
（177）SZ121（178）SZ124（179）SZ121（180）SZ128（181）SZ128（182）SZ118（183）SZ53（184）SZ122（185）SZ122
（186）SZ122（187）SZ122（188）SZ122（189）SZ298（190）SZ298（191）SZ118（192）SZ298（193）SZ298（194）SZ177
（195）SZ120
（196）ワークショップにおいて自閉症、知的障がい、ダウン症などの特徴を持つ人々も、ソロやデュオなど即興ダンスを開始する時点で、あるいは即興ダンスの遂行途中でそれまでの自己の在り様を切り換える様子を筆者は少なくない頻度で見かける。
（197）PP81（198）PP81（199）PP81（200）PP82（201）PP10（202）PP81（203）PP82（204）PP12（205）PP82

(206) PP108 (207) PP108 (208) PP108 (209) PP108 (210) PP117 (211) PP93 (212) PP93 (213) PP95 (214) PP95
(215) PP139 (216) PP160 (217) PP128 (218) PP128 (219) PP128 (220) PP128 (221) PP128 (222) PP128 (223) PP128
(224) PP130 (225) PP114 (226) PP114 (227) PP114 (228) PP116 (229) PP116 (230) PP116 (231) PP117 (232) PP117
(233) PP114 (234) PP174-5 (235) PP161 (236) PP161 (237) PP162 (238) PP174 (239) PP116 (240) PP116
(241) PP119 (242) PP116 (243) PP116 (244) PP116 (245) PP116 (246) VI175 (247) PP117 (248) PP164 (249) PP163
(250) PP117 (251) PP405 (252) PP406 (253) PP407 (254) PP407 (255) PP407 (256) PP407 (257) PP407 (258) PP409
(259) PP409 (260) VI178 (261) VI188 (262) VI184 (263) VI184 (264) VI184 (265) VI173 (266) VI174 (267) VI174
(268) VI174 (269) VI174 (270) VI174 (271) VI119 (272) VI174 (273) VI175 (274) VI178 (275) VI178 (276) VI178
(277) VI176 (278) VI184 (279) VI176 (280) VI176 (281) VI176 (282) VI176 (283) VI178 (284) OE17 (285) OE17
(286) OE17 (287) OE17 (288) OE17 (289) OE17-18 (290) OE18 (291) OE19 (292) OE19 (293) OE19-20 (294) VI192
(295) VI191 (296) PP140 (297) OE21-2 (298) VI302 (299) VI182
(300) Maturana & Varela 1980: 78-9
(311) Maturana & Varela 1980: 107-8
(302) 河本、2006、同書第三章で提言された「動作単位」の概念を引き継ぎ、動作単位産出システムへと展開した。
(303) 本書におけるオートポイエーシス・システムでは、文中に上げた各「構成素」のネットワークが連動することにより「動作単位」を産出する。そしてそれぞれの「構成素」は同じ〝次の〟構成素を産出するという形で連動し産出過程が持続する。
(304) VI302
(305) 加國、2002
(306) F. W. J. Schelling 1799
(307) 生理学者のベンジャミン・リベットは、視覚や触覚、運動感覚・内部感覚の内実が感じ取られた後、意識に上る、すなわち気づきに至るまで個人差はあるが約0・5秒かかる、動作の産出と気づきも同様で、約0・35秒以内に、つまり意識に上る以前に、動作を産出するオペレーションが遂行され、約0・5秒後にその産出に気づくと報告している（Libet 2004）。
(308) VI302

(309) 本書では、文中における「構成素」という語を「動作または動作単位を産出するための、変化しうる度合いを持つ要素」として定義する。本書では「注意」、「運動感覚・内部感覚の感じ取り」、「予期」、「身体・イメージの形成」などの行為が「構成素」にあたる。
(310) 河本、2002、同書第一章で提言された「二重作動」の概念を身体運動に展開した。
(311) 河本、1995
(312) PP139 (313) VII82
(314) 河本、2006、53
(315) 河本、2006、42
(316) PP117
(317) Klages 1944: 33＝2011: 49
(318) Klages 1944: 29＝2011: 43
(319) Klages 1944: 33＝2011: 49
(320) Klages 1944: 29＝2011: 43
(321) Klages 1944: 29＝2011: 43
(322) Klages 1944: 33＝2011: 49
(323) Klages 1944: 29＝2011: 43
(324) Klages 1944: 59＝2011: 96
(325) ドイツの心理学者(1871年-1938年)。遺伝と環境の相互作用などについて研究した。
(326) フランスの精神科医、心理学者(1879年-1962年)。身体の鏡像関係など身体感覚と他者関係などについて研究した。
(327) RA37 (328) PP257 (329) PP259
(330) アフォルター 1987＝2012:5
(331) 大野 2015:28
(332) 大野 2015:28

（333）土方巽は擬態について次のように語った。「自分の踊りは決して古典舞踊に対するアンチではない。むしろ人間概念の拡張であり、動物も植物も生命のない物体をも含めた、あらゆるものに人間の肉体をメタモルフォーズ（変身）する可能性を発見するということに、自分の舞踊の基本理念を置いている」土方巽『アスベスト館通信』第5号アスベスト館１９８７。10所収 p. 24。

（334）「一つの地のうえの一つの図」というのがわれわれの手に入れ得るもっとも単純な感性的所与である」（PP10）

（335）「同質の地の上に浮かんだ白い染みを例に取ってみよう。染みのあらゆる点々は、それでもって一つの〈図〉を描き出すという一定の〈機能〉を共通に持っている。図の色は地の色よりも濃く、いわば抵抗が強いから、白い染みの縁の部分は、図の方に〈所属する〉のであって、地に隣接しているにもかかわらず地とは結びつかない、染みは地のうえに置かれたようにあらわれるのであって、地を中断しはしないのである。〔地と図の〕各部分は、自分が実際に含んでいる以上のものを告知しており、したがってこんな初歩的な知覚でも、もうすでに一つの意味（sens）を担っているわけである」（PP9-10）

（336）PP406（337）WM32（338）WM32

（339）鈴木、２０２０、１２２。第5章第1節第2項では、同論文の事例記述および考察を手掛りに、博士論文の内容を大幅に変更した。

（340）キャノン28（341）キャノン28（342）キャノン28（343）キャノン28（344）キャノン28（345）キャノン28

参考文献

〈邦文献〉


アフォルター、2012、冨田昌夫・額谷一夫訳、『パーセプション』シュプリンガー・ジャパン。

飯森眞喜雄・町田章一編、2004、『ダンスセラピー』岩崎学術出版社。

池田喬、2011、『ハイデガー　存在と行為』創文社。

岩村吉晃、2012、『タッチ』医学書院。

市川雅、1972、『行為と肉体』田畑書店。

稲田奈緒美、2004、「1970年代暗黒舞踏の技法研究――見えない技法を巡って――」『2003年度演劇研究センター紀要Ⅱ』早稲田大学演劇研究センター：45-59。

――、2008、『土方巽絶対の身体』日本放送協会。

岩下徹、2001、「少しずつ自由になるために――交感としての即興ダンスを求めて――」『現代のエスプリ』至文堂：165-176。

岩村吉晃、2008、『タッチ〈神経心理学コレクション〉』医学書院。

大沼幸子・崎山ゆかり・町田章一・松原豊、2012、『ダンスセラピーの理論と実践――からだと心へのヒーリング・アート――』ジアース教育新社。

大野一雄・大野一雄舞踏研究所編、2006、『大野一雄／稽古の言葉』フィルムアート社。

――、2004、『大野一雄／魂の糧』フィルムアート社。

大野慶人、2015、『舞踏という生き方』かんた。

笠井叡、2011、『カラダという書物』書肆山田。

加國尚志、2002、『自然の現象学――メルロ＝ポンティと自然の現象学――』晃洋書房。

――――、2017、『沈黙の詩法――メルロ＝ポンティと表現の哲学――』晃洋書房。

加藤敏、1983、「「自己―事物―他者」の三項関係からみた分裂病」『臨床精神病理』、第4巻1号、星和書店：57-76。

――――、2010、『人の絆の病理と再生』弘文堂。

――――、2019、「臨床精神病理学から乳幼児期顕在発症自閉症（カナー型）に焦点をあてる――自閉症覚え書き――」『仁明会精神医学研究』、第16巻2号、仁明会学：17-34。

河野哲也、2015、『現象学的身体論と特別支援教育――インクルーシブ社会の哲学的研究――』北大路書房。

河本英夫、1995、『オートポイエーシス――第三世代システム――』青土社。

――――、2002、『メタモルフォーゼ・オートポイエーシスの核心』青土社。

――――、2006、『システム現象学――オートポイエーシスの第四領域――』新曜社。

川崎市岡本太郎美術館・慶應義塾大学アート・センター編、2003、『土方巽の舞踏――肉体のシュルレアリスム身体のオントロジー――』慶應義塾大学出版会。

木田元、1984、『メルロ＝ポンティの思想』岩波書店。

キャノン、2012、舘鄰・舘澄江訳『からだの知恵』講談社。

國吉和子、1999、「舞踏譜試論――土方巽の資料から――」『インターコミュニケーション』NTT出版：80-87。

――――、2004、「舞踏研究の現在――土方巽と暗黒舞踏の研究を中心に――」『2003年度演劇研究センター紀要Ⅱ』早稲田大学演劇研究センター：213-224。

小林隆児、鯨岡峻、2005、『自閉症の関係発達臨床』日本評論社。

――――、2010、『関係から見た発達障碍』金剛出版。

澤田哲生、2012、『メルロ＝ポンティと病理の現象学』人文書院。

鈴木信一、2020、「即興ダンスセラピーにおける動作産出とカップリング」『「エコ・フィロソフィ」研究』東洋大学国際哲学研究センター（「エコ・フィロソフィ」学際研究イニシアティブ）事務局：115-131。

円谷裕二、2014、『知覚・言語・現在――メルロ＝ポンティ哲学との対話――』九州大学出版会。

中敬夫、2015、『身体の生成――《自然の現象学》第四編――』萌書房。

中井久夫、２００７、『中井久夫著作集第1巻精神医学の経験――分裂病――』岩崎学術出版社。

――、２００９、『中井久夫著作集第2巻精神医学の経験――治療――』岩崎学術出版社。

中村文昭、２００４、「土方巽著『病める舞姫』のオリジンを探る（第三章による）」『日本大学芸術学部紀要』、第40号、日本大学芸術学部文芸学科：53-64。

成瀬悟策、２００９、『動作療法――まったく新しい心理療法の理論と方法――』誠信書房。

新田義弘、１９９２、『現象学とは何か――フッサールの後期思想を中心として――』講談社。

野口三千三、２００３、『原初生命体としての人間――野口体操の理論――』岩波書店。

土方巽、２００５、『〈普及版〉土方巽全集Ⅰ』河出書房新社。

――、２００５、『〈普及版〉土方巽全集Ⅱ』河出書房新社。

樋口貴広、森岡周、２００８、『身体運動学――知覚・認知からのメッセージ――』日本評論社。

人見真理、２０１２、『発達とは何か――リハビリの臨床と現象学――』青土社。

別府哲、２００７、『自閉症児幼児の他者理解』ナカニシヤ出版。

三上賀代、１９９３、『器としての身体――土方巽・暗黒舞踏技法へのアプローチ――』ＡＮＺ堂。

――、１９９５、「舞踏の教授法・伝承法――土方巽・暗黒舞踏から――（舞踊をめぐる諸問題〈特集〉）」、『体育の科学』、45巻、杏林書院：３０1-３０４。

――、１９９７、「土方巽と暗黒舞踏研究」博士論文、お茶の水女子大学。

――、１９９７、「土方巽暗黒舞踏技法試論：消える構造・′なる′身体をもとめて」『情報研究』、第18号、文教大学：２４５-２５４。

――、１９９９、「土方巽暗黒舞踏技法試論――消える構造・手ボケと身振りの採集から――」『比較舞踊研究』、5巻1号、比較舞踊学会：64-67。

――、２００６、「土方巽・暗黒舞踏の受容と変容（３）身体、言語、イメージ――野口体操と三木形態学を手掛かりに――」『京都精華大学紀要』31号、京都精華大学：１３３-１５４。

宮本省三、２００８、「脳の中の身体――認知運動療法の挑戦――」講談社。

村上靖彦、２００８、『自閉症の現象学』勁草書房。

――――、２０１１、『傷と再生の現象学――ケアと精神医学の現場へ――』青土社。

森下隆、２０００、「土方巽の舞踏創造の方法をめぐって舞踏の本質と作舞におけるシュルレアリスムの思想と方法（ジェネティック・アーカイヴ・エンジン：デジタルの森で踊る土方巽）」『Ｂｏｏｋｌｅｔ6』慶応義塾大学。

――――、２００４、「舞踏の形式について 序（芸術のロケーション）」『Ｂｏｏｋｌｅｔ12』慶応義塾大学。

八木ありさ、２００８、『ダンス・セラピーの理論と方法――舞踊心理療法へむけての序説――』彩流社。

――――、１９９０、「精神分裂病者へのダンス・セラピー的アプローチ――身体表出に現れた自己認識の変化――」、第41大会号Ａ、日本体育学会：１９３。

――――、１９９１、「ダンス・セラピーにおける共感について――即興的身体表現による参加者主導型セッションの試み――」、第42大会号Ａ、日本体育学会大会：２３５。

山口一郎、１９８５、『他者経験の現象学』国文社。

山下和也、２００４、『オートポイエーシスの世界』近代文芸社。

山本英輔、２００９、『ハイデガー「哲学への寄与」研究』法政大学出版局。

鷲田清一、２０００、「ホスピタブルな光景（９）身体を信じる――横着で優しいダンスセラピスト――」『本』、２９０号、講談社。


〈欧文献〉

Bollnow, Otto Friedrich, 1956, *Das Wesen der Stimmungen*, Frankfurt am Main: Klostermann.（＝１９７３、梅原猛・藤縄千艸訳『気分の本質』筑摩書房。）
Damasio, Antonio, 2005, *Descartes' error: emotion, reason, and the human brain*, London: Penguin Books.（＝２０１０、田中三彦訳『デカルトの誤り――情動、理性、人間の脳――』筑摩書房。）
――――, 2003, *Looking for Spinoza: joy, sorrow, and the feeling brain*, Orlando, Fla: Harcourt.（＝２００５、田中三彦訳『感じる脳』ダイヤモンド社。）
Deleuze, Gilles, 1972, *Différence et répétition*, Paris: Presses universitaires de France.（＝１９９２、財津理訳『差異と反復』河

出書房新社。）

——— & Guattari, Félix, 1972, *L'anti-Œdipe*, Paris: Éditions de minuit.（＝１９８６、市倉宏祐訳『アンチ・オイディプス』河出書房新社。）

Gibson, James Jerome, 1979, *The ecological approach to visual perception*, Hillsdale, N. J.: Lawrence Erlbaum Associates.（＝１９８５、古崎敬・古崎愛子・辻敬一郎・村瀬旻訳『生態学的視覚論』サイエンス社。）

Klages, Ludwig, 1944, *Vom Wesen des Rhythmus*, Zurich und Leipzig: Verkag Gropengiesser.（＝２０１１、平澤伸一・吉増克實訳『リズムの本質について』うぶすな書院。）

Libet, Benjamin, 2004, *Mind Time: The Temporal Factor in Consciousness*, Harvard University Press.（＝２００６、下條信輔訳『マインド・タイム』岩波書店。）

Maturana, Humberto R. & Varela, Francisco J., 1980, *Autopoiesis and cognition: the realization of the living*, D. Reidel Publishing Company.（＝１９９６、河本英夫訳『オートポイエーシス――生命システムとはなにか』国文社。）

Schelling, F. W. J., 1799, *Erster Entwurf eines Systems der Naturphilosophie*, Jena und Leipzig: Christian Erst Gabler.（＝２００９、松山壽一訳「自然哲学体系の第一草案」『シェリング著作集　第１b巻　自然哲学』燈影舎。）

Winnicott, Donald Woods, 1971, *Playing and reality*, London: Tavistock.（＝１９７９、橋本雅雄訳『遊ぶことと現実』岩崎学術出版社。）

索　引

さ

ま

や

ら

《著者紹介》
鈴 木 信 一（すずき　しんいち）
1962年生まれ.
立教大学大学院文学研究科博士後期課程修了.
現在，立教大学兼任講師.

主要業績

「即興舞踏における「運動イメージ」の定義」『境界を超えて——比較文明学の現在——』第11号，2011年.

「物との係りによる動作の産出と持続」『境界を超えて——比較文明学の現在——』第17号，2017年.

「即興ダンスセラピーにおける動作産出とカップリング」『「エコ・フィロソフィ」研究』第14号，2020年.

即興ダンスセラピーの哲学
——身体運動・他者・カップリング——

2021年2月20日　初版第1刷発行　　＊定価はカバーに表示してあります

著　者　鈴 木 信 一©
発行者　萩 原 淳 平
印刷者　江 戸 孝 典

発行所　株式会社　晃 洋 書 房
〒615-0026　京都市右京区西院北矢掛町7番地
電話　075(312)0788番(代)
振替口座　01040-6-32280

装丁　尾崎閑也　　印刷・製本　共同印刷工業㈱

ISBN978-4-7710-3459-4

JCOPY 〈(社)出版者著作権管理機構 委託出版物〉
本書の無断複写は著作権法上での例外を除き禁じられています.
複写される場合は，そのつど事前に，(社)出版者著作権管理機構
(電話 03-5244-5088, FAX 03-5244-5089, e-mail: info@jcopy.or.jp)
の許諾を得てください.